Research on Liquidity Risk Information Disclosure of China's Commercial Banks

我国商业银行流动性风险信息披露研究

史燕丽 著

中国财经出版传媒集团
经济科学出版社
Economic Science Press

前言
Preface

现代商业银行的经营管理面临着诸多风险，如市场风险、信用风险、操作风险等，自2007~2009年全球金融危机爆发以来，一些风险管理状况良好、资本充足的商业银行也出现了流动性危机，面临着流动性风险。因此，国内外学术界也将研究视野从银行信用风险和市场风险等转至银行流动性风险问题上。同时，巴塞尔银行监管委员会和各国监管当局针对危机中暴露出来的商业银行流动性风险问题提出了更为严格的监管要求。基于此，《巴塞尔协议Ⅲ》提出了流动性监管新规，强制要求披露两个流动性监管指标：净稳定资金比率（net stable finance ratio，NSFR）和流动性覆盖率（liquidity covered ratio，LCR），新的监管指标增强了商业银行流动性风险管理的力度，以防止因流动性风险引发的银行危机。但是，巴塞尔银行监管委员会和各国监管机构一直在努力完善的监管标准仍然无法完全满足复杂多样的金融监管要求，由于流动性风险监管不足引发的银行危机现象尤为突出。因此，构建全面有效的商业银行流动性风险信息披露机制和流动性风险管理体系成为理论界和实务界关注的重要研究问题。

我国银行业在全面对外开放的大背景下，不可避免地遭受了全球金融危机的冲击，而学术界对于商业银行流动性风险的系统研究尚付阙如，现有的少量研究也主要集中于流动性风险的形成机理、流动性风险的评价及其度量等方面。本书选取流动性风险信息披露与银行绩效为研究视角，从以下三方面进行研究：（1）研究定性与定量流动性风险信息披露水平对银行绩效及银行稳定性的影响，通过构建流动性风险信息披露指数来衡量银行流动性风险信息披露水平，进而研究流动性风险信息披露水平对银行绩效的影响，基于此，提出完善我国商业银行流动性风险信息披露机制的监管措施；（2）研究实施《巴塞尔协议Ⅲ》净稳定资金比率（NSFR）对银行绩效的影响效应，利用局部调整模型对比分析《巴塞尔协议Ⅲ》的净稳定资金比率（NSFR）和传统的衡量银行资产负债表流动性风险监管指标中贷款与核心存款比率（LTCD）的调整速度与银行绩效之间的关系，指出两个指标在概念构成与理念上具有相似之处，从而得出结论，我国商业银行实施《巴塞尔协议Ⅲ》后对于银行资产负债结构的影响有限，整体上不会对我国商业银行资产负债的流动性风险监管产生太大的影响，是实践中具有可操作性的有效流动性风险监管手段之一；(3) 银行流动性风险监管、银行流动性风险管理与银行流动性风险信息披露三者之间形成一个闭环，相互融合、相互促进，对于商业银行自身的流动性风险管理有着积极的影响作用，进而有利于银行绩效的提高。

本书的创新点主要体现在以下三个方面：(1) 创新性地提出了流动性风险信息披露水平的概念，并且基于银行绩效视角为研究流动性风险信息披露与银行财务绩效之间的关系提供了实证检验的新思路；(2) 首次采用局部调整模型对流动性风险信息披露相关指标进行动态对比研究，即通过构建局部调整模型来估算净稳定资金比率的调整速度和贷款与核心存款比率的调整速度，并进行对比研究，揭示出实施《巴塞尔协议Ⅲ》后对我国商业银行流动性风险信息披露的影响效应；(3) 通过实证检验的方式验证了实施《巴塞尔协议Ⅲ》时，可根据银行资产规模的不同分别设置不同的净稳定资金比率的监管标准，即对不同资产规模的银行实施差异化监管。

目 录
Contents

第1章

引　言

商业银行流动性风险因其不确定性强、破坏力大而被称为最致命的风险，因而，如何防范银行流动性风险逐步成为学术界和实务界关注的焦点。当前研究主要集中于银行流动性风险的形成机制、度量及监管等方面，而关于银行流动性风险信息披露方面的研究却很少涉及，有关流动性风险信息披露对银行绩效的影响研究更是鲜见。本书则基于银行绩效视角对流动性风险信息披露进行研究，为银行流动性风险监管和管理提供了新的思路和经验借鉴。

1.1 问题的提出

1.1.1 研究背景

近年来，面对国际金融危机的持续影响和国内经济“三期叠加”[①] 的严峻挑战，我国金融系统大力推进改革创新，切实加强宏观调控和金融监管，金融体系防控风险能力显著增强。但是，金融风险的产生呈现出上升

① 三期叠加：一是增长速度换挡期，由经济发展的客观规律所决定；二是结构调整阵痛期，是加快经济发展方式转变的主动选择；三是前期刺激政策消化期，是化解多年来积累的深层次矛盾的必经阶段。

趋势，一旦爆发系统性金融风险，不仅会对银行业自身造成冲击，更会极大地伤害实体经济。为此，党的十九大提出了“深化金融体制改革，增强金融服务实体经济能力，提高直接融资比重，促进多层次资本市场健康发展；健全货币政策和宏观审慎政策双支柱调控框架，深化利率和汇率市场化改革；健全金融监管体系，守住不发生系统性金融风险的底线”的要求。

彼得·S. 罗斯（Peter S. Rose）在《商业银行管理》中指出：“管理者必须保证银行具有充足的流动性，如果流动性不足，即便还有一定的偿付能力，银行也可能倒闭。”发生在20世纪70年代的英国第二银行危机，80年代美国储贷协会（Saving and Loan Association）危机，90年代的瑞士银行危机、墨西哥银行危机，1995年英国巴林银行（Barings Bank）倒闭，1997年东南亚金融风暴，21世纪初的土耳其银行危机以及2007年美国次级抵押贷款危机等一系列金融危机中，正如彼得·S. 罗斯所说，因流动性不足而导致很多银行倒闭。虽然我国商业银行没有产生类似于次贷危机那样的系统性流动性风险，但是，流动性风险依然存在。典型的例子就是2013年发生的“钱荒”事件，2013年6月20日，上海银行间同业拆借利率Shibor上涨了578.4个基点，一度高达13.44%，货币市场利率的快速飙升引起了银行间市场的“钱荒”局面。这次“钱荒”暴露出我国商业银行特别是中小型商业银行面临的主要流动性问题集中在结构性流动性短缺，但其深层次的原因则是银行存贷款期限错配引起的流动性风险问题。同时，也暴露出我国商业银行体系中长久以来存在的流动性风险监管和流动性风险信息披露机制不完善、流动性风险披露不及时、监控不到位等问题。近年来的几次银行间市场流动性危机中，许多银行均被卷入其中，损失严重，同业理财业务的膨胀也是2013年“大钱荒”和2016年“小钱荒”产生的根源所在。在此经济环境下，作为金融市场主体的商业银行不可避免地遭受到流动性干扰，因此，加强流动性风险管理也日益成为监管机构和商业银行关注的重要问题，及时披露商业银行的流动性风险状况能够有效地防止系统性银行危机。

危机过后，人们充分意识到流动性风险越来越成为银行业风险监管的核心问题。为此，《巴塞尔协议Ⅲ》应运而生，提出了两个流动性监管指标：应对短期流动性的流动性覆盖比率（LCR），以及应对中长期流动性的净稳定资金比率（NSFR），并且《巴塞尔协议Ⅲ》将银行流动性监管的重要性提升到与资本监管同样的高度。与此同时，监管部门和投资者对银行体系的流动性风险认识和风险实践也有了更加深入和全面的提升，主要表现在以下三个方面：其一，银行开始从战略管理层面构建流动性风险管理体系，将流动性风险管理与银行日常经营管理相融合，从银行高级管理层开始重视因流动性风险产生的银行危机；其二，各国均将《巴塞尔协议Ⅲ》框架下流动性风险监管指标的强制实施作为对商业银行流动性监管的具体实践；其三，为能及时合理地作出决策，投资者、债权人以及公众等外部利益相关者也越来越重视银行流动性风险信息的披露。

流动性风险的成因与表现形式较为复杂多样，通常而言，当银行的信用风险、市场风险、操作风险等积累到一定程度时会进一步诱发流动性风险（见图1-1）。但是，由于流动性风险在银行日常经营管理过程中发生的概率相对较低，监管层在经济形势及融资环境较好时往往会放松对流动性风险的管理，很大程度上造成了流动性风险成为银行风险管理的薄弱环节。然而，当流动性风险没有得到有效管理时，通常会引发银行间的系统性风险，而及时有效的流动性风险信息披露会预防上述情况的发生，对银行流动性风险的妥善管理会在经济金融环境突然改变或重大事件发生时为银行赢得足够的时间应对，减少流动性危机发生的可能性（王晓婷，2017）。流动性风险是商业银行永恒的主题，银行利润来源于其对流动性的创造，但如果因盲目追求利润而不对流动性风险加以控制将会导致银行发生个体或者系统性风险。真实有效的信息披露能够反映银行的经营状况，帮助投资者及公众等外部利益相关者了解银行面临的流动性风险，而流动性风险信息披露是银行流动性监管和市场约束的重要手段。但是，通过对现有文献的收集，我们发现国内外研究较多地集中于银行信息披露、银行风险信息披露以及银行流动性风险管理等方面，而关于银行流动性风险信息披露的研究却很少涉及。在此背景下，本书基于银行绩效视角将对商业银行的流动性风险信息披露进行深入研究。

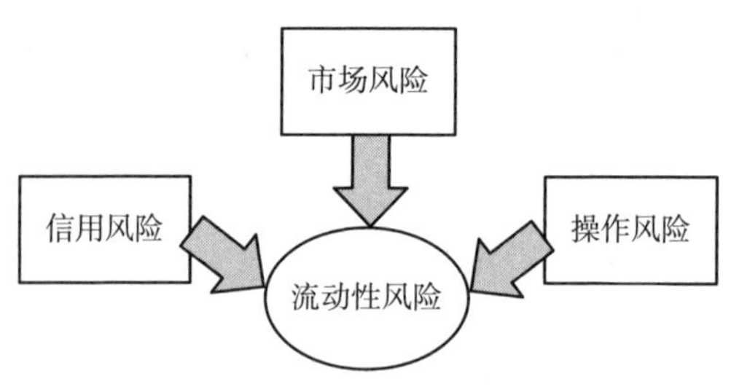

图 1-1　流动性风险转化

1.1.2　研究问题

及时、充分、准确的流动性风险信息披露有利于投资者及公众了解银行的经营管理状况以及内部风险控制，对于银行管理层会产生有效的约束和压力，而金融市场透明度的增加，有助于吸引潜在的投资者，对银行绩效的提升大有裨益。本书基于银行绩效视角，围绕流动性风险的形成机理、本质特征以及影响因素等方面，研究如何完善我国商业银行的流动性风险信息披露机制这一基本问题，按照“理论机制分析→现状描述→分析原因”的思路，对流动性风险信息披露水平以及披露后的银行运营和银行绩效变化情况进行深入研究与剖析。基于此，本书的研究问题主要包括以下三个方面。

（1）流动性风险信息披露水平如何影响银行绩效。商业银行是经营货币的特殊企业形态，其风险信息披露会使得公众丧失信心，不断提取存款，直至发生银行挤兑。流动性风险信息披露水平如何影响银行绩效？这一问题的答案无论对于理论发展还是金融实践都有着非常重要的意义。对此，本书将从银行绩效角度出发，通过构建流动性风险信息披露指数来综合评估银行的流动性风险信息披露水平，以及对流动性风险信息披露水平对银行绩效的影响进行定量分析，研究流动性风险信息披露初期阶段及披露机制成熟阶段分别对银行绩效的影响效应，揭示出流动性风险信息披露水平对银行绩效及银行稳定性的影响因素与规律，为商业银行进一步提高其流动性风险信息披露水平提供有益的参考和经验借鉴。

（2）引入《巴塞尔协议Ⅲ》流动性监管指标净稳定资金比率后是否对

银行资产负债结构产生影响，以及银行绩效会如何发生变化。2008 年全球金融危机过后，金融监管机构的流动性风险监管意识也有了较大程度提高。2010 年巴塞尔银行监管委员会通过《巴塞尔协议Ⅲ：流动性风险计量标准和监测的国际框架》确立了流动性监管的全球统一标准：应对银行短期流动性风险的流动性覆盖率（liquidity covered ratio，LCR），以及应对中长期流动性风险的净稳定资金比率（net stable finance ratio，NSFR），试图在巴塞尔协议资本充足率要求的基础上将流动性监管纳入其框架之下。目前，学术界关于对《巴塞尔协议Ⅲ》流动性监管的研究日渐增多，用于模拟和分析净管理资金比率的计量工具和分析方法也日趋成熟，对于银行满足净稳定资金比率最低监管水平后对银行自身和整个经济影响的研究也方兴未艾。但是，国内对于《巴塞尔协议Ⅲ》的研究仍处于起步阶段，大部分研究仍局限在介绍、评价和简单的理论分析等方面。银行传统的衡量流动性监管水平的核心指标是贷款与核心存款比率（LTCD），而净稳定资金比率在构成与理念上均与贷款与核心存款比率相类似，即《巴塞尔协议Ⅲ》引入的净稳定资金比率对银行资产负债流动性的监管是否会产生影响。当银行资产负债结构发生变化时，需要重新建立新的流动性平衡，即贷款与核心存款比率与净稳定资金比率的调整速度与银行绩效之间的关系如何变化呢?本书将利用微观数据做出定量分析并对上述问题进行实证检验分析与探讨。

（3）通过流动性风险监管与流动性风险信息披露是否会让银行审视自身的流动性风险管理，进而使得银行绩效达到最优。金融监管机构对于银行流动性风险的重视和关注，以及市场对流动性风险信息披露后反应的关注，都将有助于提高银行自身的流动性风险管理程度，并且进一步影响银行的绩效水平。监管机构的流动性风险监管、商业银行的流动性风险管理及流动性风险信息披露三者之间形成一个闭环，促使银行良好运营，及时控制风险，避免银行流动性危机的发生。单纯的流动性风险管理并不能有效地加强银行应对风险的能力，但是，银行流动性风险监管、流动性风险管理和流动性风险信息披露三者有机的结合，有利于银行应对流动性风险的冲击。基于此，本书首先选取银行绩效视角来研究流动性风险信息披露水平的影响，拟从银行绩效视角来揭示流动性风险信息披露水平的市场反应，探究银行流动性风险监管、银行流动性风险管理和流动性风险信息披露三者之间如何相互融合，增强银行重视自身的流动性风险管理意识。

本书的三个研究问题有着内在联系：问题一与问题二是本书的实证检验基础，而问题三是案例分析，由理论分析推导出的实证检验，加上案例研究，充分阐述和验证了本书的核心观点。

本书在以往研究的基础上，试图基于《巴塞尔协议Ⅲ》框架下的流动性监管要求对我国商业银行流动性风险信息披露状况进行深入探讨，建立“流动性风险信息披露指数”，即通过定性与定量流动性风险评价指标来衡量银行流动性风险信息披露水平，以及《巴塞尔协议Ⅲ》强制要求披露的流动性监管指标净稳定资金比率是否会影响银行的资产负债结构，进而影响银行绩效及银行稳定性。显然，就流动性风险信息披露本身而言，可能不会对银行绩效产生正面影响，但从长期来看，流动性风险信息披露对自身及外部市场产生的影响会因为对流动性风险的抑制而使得银行绩效产生积极正面的影响。同时，商业银行在进行流动性风险信息披露的过程中，会充分审视和发现自身流动性风险管理存在的问题，进而加强银行内部的流动性风险管控。这也是本书研究问题的切入点所在。

1.2 核心概念的界定与分析

本书研究的基本问题是流动性风险信息披露水平对银行绩效的影响效应。净稳定资金比率是《巴塞尔协议Ⅲ》流动性监管框架下强制要求披露的监管流动性的指标，是衡量银行流动性风险信息披露水平的重要监管指标，也是目前为各国监管机构均认可的反映银行流动性风险信息披露水平的指标。通过进一步分析引入净稳定资金比率后对银行资产负债结构与银行绩效的影响，结合《巴塞尔协议Ⅲ》对流动性监管的强制性披露要求，提出完善我国商业银行流动性风险信息披露机制的政策建议与措施。因此，本书需要先界定银行流动性风险、信息披露及银行绩效评价体系等相关概念。

1.2.1 银行流动性风险的相关概念界定

风险是指某一特定的危险事件发生的可能性与所产生的后果的组合。通过风险定义可以看出，风险是由两个因素共同作用组合而成：一是该危险发生的可能性，即危险概率；二是该危险事件发生后所产生的后果。商业银行面临多种风险，包括市场风险、信用风险、操作风险、流动性风险等，其中，市场风险、信用风险和操作风险产生的概率相对于流动性风险要高，而流动性风险的危害则更为严重，事实上，银行的市场风险、信用风险、操作风险也往往会以流动性风险的形式表现和爆发出来。

银行流动性风险是伴随着商业银行的产生同时出现的，而关于银行流动性风险的研究却始于20世纪30年代的资本主义经济危机，这些研究成果推动了存款保险制度和中央银行制度的出现。直到20世纪70年代后期，才开始有了流动性风险方面的系统性研究。早些时期，西蒙斯（Simons，1948）提出用“狭义银行”从根本上消除银行的流动性问题；弗里德曼和施瓦茨（Friedman & Schwartz，1963）对美国银行危机进行了大量研究，提出暂停支付是一种防止挤兑均衡出现的机制；帕廷金（Patinkin，1965）和托宾（Tobin，1965）对银行资产流动性进行了相关理论研究。此外，戴蒙德（Diamond，1986）从资产、市场、机构三个角度研究影响银行流动性的各类因素，也就是说，影响资产流动性、市场流动性、机构流动性的因素包括些什么？国际银行业监管组织巴塞尔银行监管委员会对于商业银行流动性风险的定义也包括以下两方面内容：一是资产流动性，是指银行的资产变现能力，也就是在商业银行的资产不遭受或者较少遭受损失的前提下迅速将资产变为可提取的现金的能力，如果资产的变现能力较强，则表明银行管理流动性风险的能力较强；二是负债流动性，是指银行能否以较低的成本获得所需资金，如果融资资金成本较低，则表明银行流动性较好。对于商业银行流动性风险的本质，戴蒙德和戴维格（Diamond & Dybvig，1983）则给出了非常精辟的解释，即银行的本质就是通过资产和负债的转换创造流动性的机构，这种转换是将较低流动性的资产转换为具有较高流动性的负债的过程，也就是流动性创造的过程。银行要承担整个社会的流动性冲击，因此，流动性风险天然就是银行的内生性问题，同时也是银行面临的最主要风险之一，对流动性风险监管是目前金融监管机构对银行风险监管的一个重要基础环节。为此，对我国商业银行流动性风险进行深入系统的研究具有较强的理论和现实意义。

另外，还有些学者从不同角度诠释银行流动性风险。麦金尼（Mckinney，1997）从规模较小的银行资金流动性角度考虑，构建了线性规划模型，对其风险管理进行定量分析，能够较为准确地计算出小型银行的流动性需求。考夫曼和李（Kaufman & Lee，1999）基于贷款需求变动及预期存款构建出银行流动性需求模型，并得到广泛应用。阿德里安（Adrian，2007）指出，银行可以通过增加资金来源及期限均较为稳定的负债来增加其自有资本占比，降低杠杆比率，保持银行较好的流动性状况。刘淑娥（2006）通过构建流动性风险综合指数来反映银行流动性风险情况，流动性风险综合指数越大，表明银行流动性风险越小；反之，流动性风险综合指数越小，银行流动性风险越大。综上所述，银行具有高杠杆高负债等特性，主要资金来源于债务，抵御风险能力较弱，因此，流动性风险是银行监管的重要议题，也是争议较多的议题。

由此可见，银行流动性风险一直是监管者、理论界及实务界关注和争论的焦点，国内外学者对流动性风险进行了诸多阐释，但至今尚未达成一致的定义。本书对一些具有代表性的定义进行了梳理，详细情况如表1－1所示。

表1－1　商业银行流动性风险定义

研究者	定义内容
凯德（Cade，1997）	流动性风险指当银行债务或承付款项到期时缺少足够结算现金的可能性
俞乔等（1998）	流动性风险产生于银行不能够在既不超过时限又不增加成本的条件下满足付现要求
摩根大通银行（J. P. Morgan Chase，2002）	流动性风险既包括银行不能在合适的期限、利率条件下为资产组合提供资金，也包括无法及时以合理的价格变现持有的头寸

续表

研究者	定义内容
美林证券 （Merrill Lynch，2000）	流动性风险是经营产生的现金注入与经营需要以及到期债务产生的现金流出之间的不一致
彼得·S. 罗斯 （Peter S. Rose，2001）	银行在需要资金时，如果能以合理的成本立即获得资金，该银行被认为具有流动性
国民银行 （National Banks，2001）	流动性风险指未出现无法接受的损失时，银行不能按时偿付到期债务而给银行收益及资本带来的风险
戴国强 （2004）	流动性指银行随时保持以适当的价格取得可用资金的能力，以应对客户提存及银行支付的需要
德雷曼和尼科劳 （Drehmann & Nikolaou，2009）	流动性风险是指不能在特定时间段内偿还即期负债的可能性
美国联邦储备系统 （the Federal Reserve System，2010）	流动性风险是由于没有能力偿还债务而对其财务状况或整体安全性及稳健性产生不利影响的风险
穆拉德·乔德利 （Moorad Choudhry，2012）	流动性风险是指银行需要远期融资以满足资产业务的需求
马蒂森 （Matis，2015）	流动性风险是不能持有足够的流动性满足其债务支付所产生的风险

本书认为前述关于流动性风险的定义界定了该概念的一部分本质和特征，但还存在不够准确、完全的问题。为此，本书将流动性风险定义为：银行无法在较短时间内以合理的价格获得足够的资金支付到期债务以及银行开展正常业务所需的其他资金需求的可能性。

另外，衡量商业银行资产负债流动性风险的主要依据是流动性监管指标，不同的指标从不同的维度衡量流动性风险，目前，衡量流动性风险最重要的两个指标是《巴塞尔协议Ⅲ》定义的流动性覆盖率和净稳定资金比率。其中，流动性覆盖率是银行优质流动性资产储备除以未来30天的资金净流出量，主要反映短期（未来30天内）特定压力情景下，银行持有的高流动性资产应对资金流失的能力；净稳定资金比率用于计算银行一年以内可用的稳定资金与业务所需的稳定资金之比，衡量银行在特定压力情景下，可用的长期稳定资金支持业务发展的能力。目前，我国银监会要求商业银行的流动性覆盖率与净稳定资金比率均需≥100%。监管机构要求的流动性风险指标定义如表1-2所示。

表1-2　　商业银行流动性风险指标定义

流动性风险指标	定义	监管标准
存款准备金率	存放央行款项/各项存款余额	
流动性比例	流动性资产/流动性负债×100%	≥25%
经调整资产流动性比例	调整后流动性资产余额/调整后流动性负债余额×100%	
流动性缺口率	流动性缺口/90天内到期的表内外资产×100%	≥-10%
核心负债依存度	核心负债/总负债×100%	≥60%
存贷款比例	各项贷款余额/各项存款×100%	≥75%
最大十户存款比例	最大十户存款总额/各项存款×100%	
流动性覆盖率	优质流动性资产储备/未来30天的资金净流出量×100%	≥100%
净稳定资金比率	可用的稳定资金/所需的稳定资金×100%	≥100%

1.2.2　银行信息披露的相关概念界定

1. 银行信息披露的概念

国内外学者将银行信息披露概念界定为：商业银行依法将反映其财务状况、经营业绩、风险状况、风险管理战略和措施、风险暴露、会计政策和公司治理的基本信息（包括财务的和非财务的；定性与定量相结合的，或只有定性说明的），及时完整、真实准确地向投资者、债权人及存款者等外部利益相关者公开进行披露的过程。本书赞同这一概念界定，并试图从信息披露的成本收益约束与权利约束两方面对该概念进行阐述。

一是银行信息披露的成本收益分析。信息披露与否是银行对其成本收益的权衡，银行的信息披露成本包括有形成本和无形成本。有形成本是搜集、处理、披露信息所耗费的人力、物力和财力等；无形成本是信息披露后给公众带来的负面效应，即机会成本。银行信息披露的收益不是直接收入，包含银行自身收益与信息需求者收益两方面。其一，银行自身的收益。在国际银行业，通常使用卡尼（Kaney）于1986年提出的信心函数 $Confidence = f(NW, SOE, IQ, G)$ 来衡量社会对银行业的信任程度，其中，NW 表示银行净价值、SOE 代表股权收入的稳定性、IQ 则表示银行信息披露质量，G 表示政府担保，这四个因素共同决定公众对银行的信心，缺一不可。其二，信息披露中信息需求者的收益则取决于其对信息需求的迫切程度，如有必要，信息需求者会自行收集那些银行没有披露的信息，但这样做会造成社会资源的浪费，信息的准确性和合法性也无法保证。因此，由银行统一进行信息披露，一方面信息使用需求者有了合法准确的信息；另一方面也极大地节约了社会资源。本书重点研究商业银行的流动性风险信息披露，从定性与定量两方面衡量银行流动性风险信息披露水平，并且基于银行绩效视角研究流动性风险信息披露如何使银行财务绩效达到最大化。

二是信息披露与透明度、市场约束的区别。为了更好地实现市场约束，信息披露是提高银行透明度的必要方式。为此，巴塞尔协议专门指出："巴塞尔银行监管委员会力求鼓励市场纪律发挥作用，其手段是制定一套信息披露规范，使市场参与者掌握有关银行的风险轮廓和资本水平等相关信息。"信息披露、市场约束与透明度之间经常交叉使用，但是，三者还是有一定差别的。信息披露是商业银行将其财务信息及风险管理信息向监管者、存款者以及利益相关者予以公开的行为。透明度则强调信息披露是否及时、准确和充足，也就是说，信息披露充分并不必然导致市场透明度高。市场约束是在存款市场、债券市场、股票市场等各类金融市场中，存款者、投资者、债券持有人等利益相关者面对银行经营状况的改变而及时采取的措施，进而影响银行利率定价、资产价格以及银行绩效，市场约束将会进一步约束银行的经营行为，比如银行的股票价格、存款及贷款定价等，同时也会对吸收存款数据、理财产品销售数量等产生约束作用。

2. 银行信息披露的重要性

一般认为，商业银行是高负债、高杠杆经营的特殊企业形态，公开披露其风险信息会对银行业乃至金融市场的稳定产生不利影响，因而，一直以来，商业银行的财务信息并不是很透明。然而，自从巴塞尔新资本协议（Basel Ⅱ）提出三大支柱：一是最低资本要求；二是监管当局对资本充足率的监督检查；三是信息披露。随即信息披露就成为金融监管的核心问题及完善银行公司治理结构的关键环节。但是否要对商业银行进行强制性信息披露，尚存在很大争议，一些学者认为，商业银行具备自愿信息披露的激励机制，但也有些学者认为，银行信息披露的成本高于所获收益，不需要进行强制性信息披露。

保罗·A. 萨缪尔森（Paul A. Samuelson）指出，次贷危机虽然表面上看是由房地产泡沫引起的，事实上则是供给学派放松管制政策导致的，过度抵押贷款和资产证券化是危机爆发的深层次原因。而银行经营过程中的信息不透明也是次贷风险扩大化的重要因素，现实表明银行未能及时充分地向投资者披露按揭贷款风险。从信息披露的角度来看，首先，信息透明是市场约束发挥作用的前提条件，若市场本身就缺乏足够的信息，就无法约束银行的经营行为；其次，银行的信息披露意识不足，例如，尽管监管要求商业银行披露其持有的衍生工具的损益变化、次级债券的数量、贷款损失等信息，但是，绝大多数银行并未披露上述信息。

随着我国银行业改革的不断深入，除大型国有商业银行、全国性股份制商业银行外，各类地方性商业银行及城商行也不断涌现。与此相对的是，我国商业银行的信息披露制度起步较晚，银监会虽然于 2007 年发布了《商业银行信息披露办法》来规范和指导商业银行的信息披露，但该办法对商业银行信息披露内容的规定过于简单，尽管监管机构后期还陆续出台了一系列关于商业银行信息披露的政策及法规，但现有银行业信息披露尚有许多不足之处，特别是关于银行流动性风险信息披露的内容的不足，从而导致我国商业银行信息披露内容过于简单，特别是流动性风险信息的披露更是无法满足对流动性风险的有效监管。因此，加强我国商业银行信息披露的研究，进一步完善我国商业银行的信息披露机制，特别是流动性风险信息披露体系及考核办法就显得尤为重要。

包括巴塞尔协议在内的众多学者均认为，市场应该能够约束银行的经营行为，但前提是投资者要掌握银行经营状况的详尽信息。从银行监管者的角度来看，信息披露能促使银行经营透明，从而约束市场行为。市场约束是由于银行高级管理层的决策而遭受到财务损失时，银行的外部利益相关者采取的一些约束商业银行经营的行为。透明度是评级公司、证券分析师及利益相关者根据银行的财务状况、预期收入与抗风险能力所做出的评估，评估依据则是银行信息披露的内容与质量。

1.2.3 银行绩效评价体系的相关概念界定

绩效包含成绩与效益的意思，用于经济管理活动方面，主要是指社会经济管理活动的结果和成效，绩效的特征是可评估的、多维度的。银行绩效评价是运用定性和定量相结合的方法，借助系统科学的评价指标，参照客观合理的评价标准，对银行的经营业绩、管理效果及管理水平进行科学、客观、公正的考核与评价，从而促进银行提升经营业绩和管理水平等一系列管理活动的总称。银行绩效评价是银行股东、监管当局和内部经营管理者了解银行目前状况，判断银行未来发展方向，并据以做出决策、采取相应措施的重要工具。本书中的银行绩效是特指可量化的银行经营业绩的指标如资产收益率（return on assets，ROA）、净资产收益率（return on equity，ROE）等。

对于商业银行绩效评价体系，目前通常采用的是以利润为核心的绩效评价指标，即资产收益率（ROA）和净资产收益率（ROE），而依据会计准则计算的利润没有考虑经营风险以及资本成本。美国的次贷危机给出警示，商业银行不仅是经营货币的企业，而且还是风险管理的企业。因此，如何构建科学合理的银行绩效评价体系，促使银行重视风险和资本管理更加值得商榷。资产收益率（ROA）对银行资源效益的分配和管理进行了基本衡量，包括存贷业务及中间业务等，反映了投资者和债权人的资金利润率。而银行资本作为银行永久支配的资金，对其日常经营活动有着举足轻重的意义，目前，银行资本划分为账面资本、监管资本及经济资本。账面资本反映银行资产负债表项目对其资本结构的影响；监管资本是从资本充足率的角度反映银行资本构成对风险规避能力的影响；经济资本则更明确地指出银行资本构成对其风险波动的适应能力。因此，充足的银行资本为应对流动性风险提供了重要保障，而及时有效的流动性风险监管对于商业银行应对风险冲击有着切实的现实意义。

我国银行业伴随着经济的高速发展以及改革开放的逐步深入，其盈利能力经历了一个快速而显著的增长期，目前，各类商业银行已经成为我国金融业的主体，同时也是构建稳健高效的金融体系的主体，在国民经济中起着重要作用，是现代社会经济运转的枢纽之一，关系到国家经济的稳定发展。而商业银行是一种经营货币的特殊企业形态，在日常经营管理中要遵循“盈利性、安全性、流动性”的三性原则，但是，和一般企业一样，效益最大化同样是商业银行追求的经营目标。但近年来，随着经济全球化和我国利率市场化的不断发展，互联网金融方兴未艾，我国商业银行面临着前所未有的竞争压力，在当前这种复杂的经济环境下，如何在守住固有优势的情况下进一步拓展盈利空间，追求价值最大化和价值创造，实现商业银行的可持续发展成为商业银行管理者需要考虑的首要问题。

国内外学者对于银行绩效评价体系也做了大量研究，杨丽（2014）基于现金流生成的视角，以我国 16 家上市商业银行作为样本，运用因子分析法，从上市融资能力、贷款管理能力和表外业务营运能力三方面设计银行全面绩效评价指标体系。国外学者希拉·赫弗兰等（Shelagh Heffernan et al.，2008）以 1999～2006 年的 76 家中国银行机构作为样本数据，选择经济增加值和净利息收入来分析影响银行绩效的因素，发现银行上市与否以及是否外资持股对银行绩效没有显著影响。马尔科姆·阿博特等（Malcolm Abbott et al.，2013）利用数据包络分析法（DEA）确定 Malmquist 指数，为撤销金融管制的澳大利亚银行提供绩效评价体系。

花旗银行的乔治·J. 沃伊塔（George J. Vojta，1973）指出，银行资本的作用之一就是“帮助银行抵御不可预料的灾难，使得银行能够承受超出预期的损失”。在同一时期，美国信孚银行制定了“风险调整后的资本收益率”（简称 RAROC）体系，迄今为止，RAROC 依然是所有银行业务的核心，是商业银行进行调整绩效测评的重要基础。而在财务绩效评价的基础上引入经济增加值（EVA）绩效评价体系来综合评价银行绩效，改变目前以会计利润为主的激励考核指标体系，能够提升激励考核的科学性，新的考核体系引入经济利润动态考核指标来反映收益水平和风险水平，可以改变一味追求利润和规模效应的粗放的经营方式，风险调整后的资本收益率和经济增加值作为绩效考核指标，激励银行分支机构一方面要合理选择客户、进行科学的定价；另一方面也要自觉地识别、计量、监测和控制银行所面临的各类风险。

1.2.4 概念框架

本书的核心概念包括银行流动性风险、信息披露、银行绩效，其概念框架如图1-2所示。流动性风险监管和流动性风险信息披露有益于银行自身的流动性风险管理，全书以“流动性风险信息披露—流动性风险管理—流动性风险监管”如何影响银行绩效为研究主线，以下针对具体内容进行阐述。

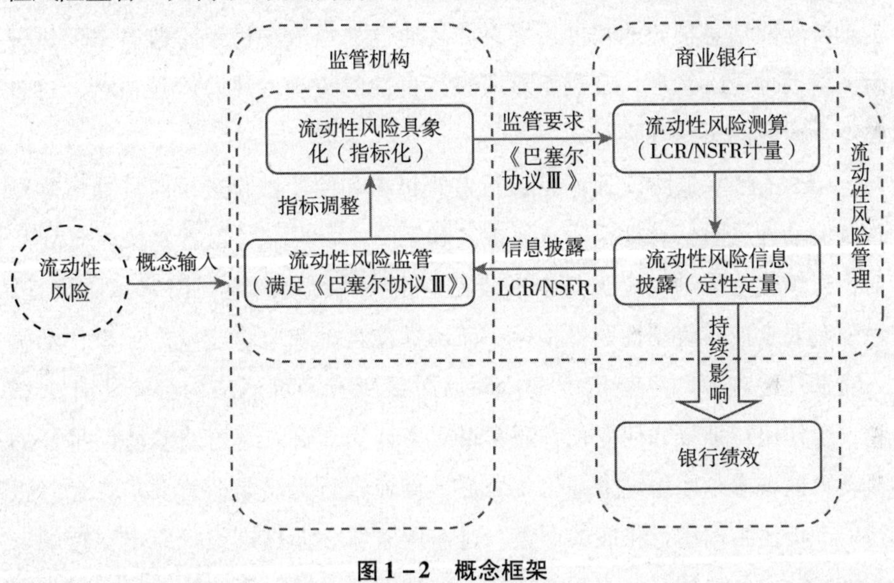

图1-2 概念框架

（1）银行流动性风险管理、银行流动性风险信息披露与银行流动性风险监管三者之间形成一个闭环，有利于促进银行自身的流动性风险管理。流动性风险管理是银行经营管理的核心，也是监管的重要领域，同时也是学术研究最引人入胜的研究课题之一。在银行流动性风险管理、流动性风险信息披露与流动性风险监管的整个闭环中，监管机构的主要职责是，一方面，根据流动性风险的形成机理识别流动性风险输入，将流动性风险指标化，向商业银行提出流动性风险监管要求，当前最主要的流动性风险监管指标是《巴塞尔协议Ⅲ》强制性要求披露的监管流动性的指标；另一方面，监管商业银行披露的账务报表年报中的流动性风险信息，确保商业银行满足流动性风险监管的要求，以保证其正常安全运营。而商业银行则是按照监管机构对流动性风险的监管要求，进行流动性风险监管指标的计量，并按照披露要求进行定性与定量披露，商业银行在对流动性风险指标计量和披露的过程中会发现自身经营过程中存在的流动性风险，如资本充足率不足、贷存比过高等问题。这种由监管机构发起监管要求，由商业银行针对监管要求进行披露的同时在披露过程中发现并改进自身流动性风险的过程，共同构成了本书所说的流动性风险管理。随着流动性风险度量技术、流动性风险管理实践以及流动性风险监管的相互促进和共同发展，从流动性风险信息披露的角度出发，并且通过加强流动性风险监管来促进银行的流动性风险管理，有利于形成银行良性的流动性风险管理机制。这也是本书研究的重要现实意义。

（2）《巴塞尔协议Ⅲ》是银行监管机构和商业银行进行流动性风险管理及流动性风险信息披露的重要方式和手段，而实施《巴塞尔协议Ⅲ》后对银行绩效的影响效应也是本书研究的主要内容。实施《巴塞尔协议Ⅲ》后强制要求披露流动性监管指标：流动性覆盖率和净稳定资金比率，而引入流动性覆盖率和净稳定资金比率后对银行资产负债结构会产生什么影响，会使银行绩效如何变化？通常情况下认为，引入《巴塞尔协议Ⅲ》的流动性覆盖率和净稳定资金比率之后，商业银行为满足监管要求，会对银行资产负债结构进行相应的调整。这一调整势必会打破银行原本保持的资产负债结构及银行绩效之间的平衡，而重新建立这一平衡关系的过程是商业银行进行流动性风险管理并满足流动性风险监管的过程，对这一过程的研究是厘清流动性风险信息披露、流动性风险管理与银行绩效之间关系的关键环节。因此，《巴塞尔协议Ⅲ》也是整个流动性风险管理概念框架中的重要组成部分。

（3）流动性风险信息披露水平与银行绩效之间的关系。即定性与定量流动性风险信息披露水平的高低直接影响银行绩效及其稳定性。立足于我国的金融监管环境，从信息披露的角度来研究流动性风险信息披露水平对银行财务绩效的影响效应。在银行营利性、安全性和流动性中，经济利益仍然是其追求的首要目标，因此，明确流动性风险信息披露水平与银行绩效之间的关系是银行加强其流动性风险管理意识的有效手段。但由于商业银行是信息敏感型行业，其流动性风险信息披露是抑制还是促进银行绩效一直是备受关注的热点问题。然而，由于理论基础、变量度量方法和研究设计等方面的差异，银行进行流动性风险信息披露是否能够增加银行绩效并未得到一致结论。从理论上来看，已有文献对于商业银行信息披露与银行绩效的关系进行了相关研究，但是，针对流动性风险信息披露影响银行绩效的研究却鲜见。本书要解决的问题是：通过构建流动性风险信息披露指数，以此来衡量商业银行的流动性风险信息披露水平，进而研究流动性风险信息披露水平对银行绩效的影响，以及银行通过其流动性风险信息的披露来充分审视自身的流动性风险管理存在的问题，并及时提出应对措施。

通常情况下，商业银行流动性风险指的是流动性不足，但是，流动性过剩也会导致流动性风险，由于过多的流动性表示银行没有以合理成本筹集所需资金，因此也就不能很好地满足贷款客户的需求。为了不失一般性，本书以下所讨论的流动性风险均指流动性不足。

1.3 研究思路与研究内容

1.3.1 研究思路

本书的基本研究思路如下，首先，本着理论结合实践的原则，将流动性风险信息披露、管理与监管的相关理论与当前我国商业银行及监管机构从流动性风险计量、披露到管理的具体实践相结合；其次，从一般到特殊，将流动性风险信息披露及管理的一般理论结合我国商业银行的特征进行对比研究，同时，通过我国商业银行的流动性风险管理的具体案例，佐证本书的研究结论；最后，借助现代计量方法对本书基于理论模型在流动性风险信息披露研究中做出的相关理论假设进行基于实际数据的实证检验与分析。

具体而言，本书以博弈论、管制市场理论、信息不对称理论和资产负债管理理论为基本理论基础，研究银行的流动性风险信息披露水平如何影响银行绩效及银行稳定性。同时，通过流动性风险监管、流动性风险管理以及流动性风险信息披露的机制分析框架，实证检验了国有上市商业银行和股份制上市商业银行流动性风险信息披露水平的差异性。并且，通过构建局部调整模型来估算引入《巴塞尔协议Ⅲ》强制要求披露的流动性监管指标净稳定资金比率后，对银行资产负债结构及银行绩效的影响，进一步验证净稳定资金比率与传统的衡量银行流动性的重要指标贷款与核心存款比率具有相似性，也就是说，银行要求强制披露净稳定资金比率之后对银行资产负债结构产生的影响不会太大，实践中具有可操作性。

本书拟采用的技术路线如图1－3所示。首先，对已有的国内外研究现状和相关理论基础进行梳理，基于现有研究的不足提出本书的研究思路和研究框架，然后进行理论分析并提出研究假设。通过实证研究对所提出的假设进行检验，并对实证结果进行分析论证，提出本书研究的不足之处及进一步研究的方向。

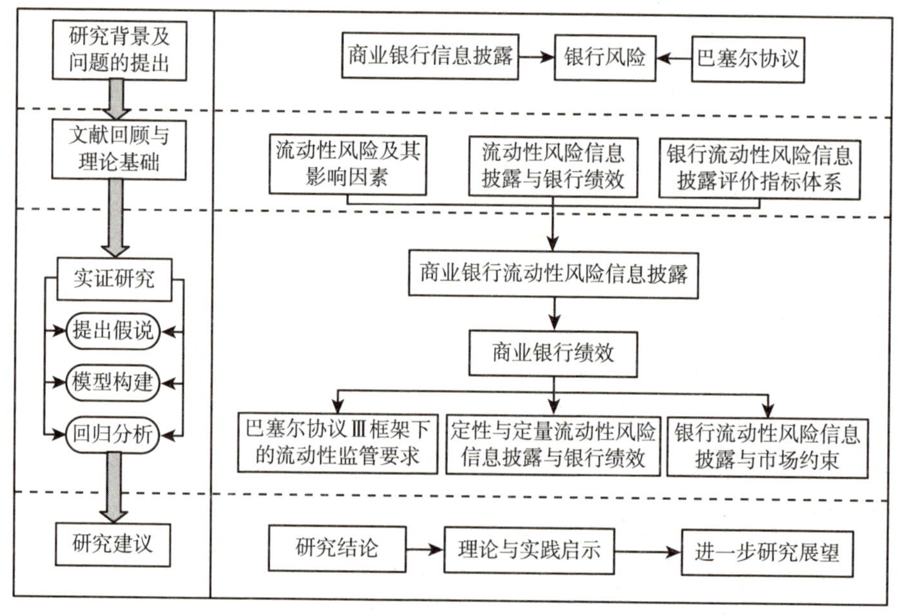

图1－3　技术路线

毫无疑义，已有研究对于我们正确理解银行流动性风险信息披露、银行流动性风险监管以及银行财务绩效的影响因素有着非常重要的参考价值，本书在此基础上做了进一步的探索，并在理论和实证研究两方面都进行了一些新的思考和尝试。鉴于此，全书将遵循这样的研究路线：（1）厘清商业银行流动性风险信息披露的适用范围和边界条件；（2）分析我国商业银行流动性风险信息披露的现实情况及机制机理；（3）根据实际情况构建我国商业银行流动性风险信息披露的理论分析框架；（4）选取数据进行实证检验；（5）总结结论，探析原因，提出政策建议。

从我国商业银行流动性风险信息披露实践来看，金融监管层面、银行层面、投资者和债权人等利益相关者层面，对于流动性风险信息披露意识都有着较大程度的提升，为本书研究提供了现实基础。本书的研究重点以我国商业银行流动性风险信息披露与银行绩效为主线，研究内容分为理论机理分析、实证检验和案例分析三大部分。其中，理论机理分析试图回答商业银行流动性风险的本质和形成机制是什么？我国商业银行为什么要进行流动性风险信息披露？实证检验部分则试图回答我国商业银行流动性风险信息披露水平对银行绩效有何影响的问题；而案例分析部分则通过实际案例解释如下问题：理论界和实务界对银行的流动性风险信息披露还有哪些先进的技术与方法、我国商业银行的流动性风险信息披露的现状及执行情况，以及我国商业银行的流动性风险信息披露处于什么样的水平。最后结合以上三部分内容，回答如何构建和完善我国商业银行的流动性风险信息披露体制？

1.3.2 研究方法

本书主要采用实证研究法和规范研究法，结合具体情况，辅以定性分析的案例研究法、归纳分析法、文献分析法、经验借鉴法、比较研究法、逻辑分析法、调查分析法、历史分析法等，深入探讨我国商业银行流动性风险信息披露与银行绩效的关系研究，定性定量分析方法的结合使用，将使全书的论证更加具有严密性。

（1）归纳分析法。运用归纳分析法梳理和综述关于银行流动性风险、银行信息披露以及银行绩效方面的相关文献，总结出基于银行绩效视角的流动性风险信息披露的相关研究较为欠缺，尚需进一步深入探讨，即为本书研究的切入点。

（2）规范研究法。运用于全书“问题的提出→理论基础分析→实证检验→提出政策建议”整体思路的设计，系统而详尽地阐述了如何提升我国商业银行流动性风险信息披露水平，进而影响银行绩效及其稳定性。

（3）实证分析法。通过构建商业银行流动性风险信息披露指数与局部调整模型，采用动态面板数据回归方法对定性与定量流动性风险信息披露水平、净稳定资金比率与银行绩效之间的关系进行实证检验与分析。

1.3.3 研究内容及结构安排

1. 研究内容

本书研究内容的思路与框架如图 1-4 所示。研究内容主要包括以下三个方面：其一，定性与定量流动性风险信息披露水平对银行绩效的影响效应；其二，实施《巴塞尔协议Ⅲ》后，强制要求披露的流动性监管指标净稳定资金比率对银行绩效的影响研究；其三，传统的衡量银行流动性风险监管的指标贷款与核心存款比率同《巴塞尔协议Ⅲ》强制要求披露的流动性监管指标净稳定资金比率的调整速度与银行绩效之间关系的对比研究。得出结论：银行流动性风险信息披露、银行流动性风险管理与银行流动性风险监管三者之间相互促进，相互融合，有利于促进我国商业银行自身的流动性风险管理。

2. 结构安排

本书结构安排如图 1-5 所示，具体内容分为五大部分。

第一部分为研究问题的阐述，包括第 1 章和第 2 章。第 1 章是引言，主要阐述本书的研究背景、研究问题、核心概念界定、研究内容以及研究

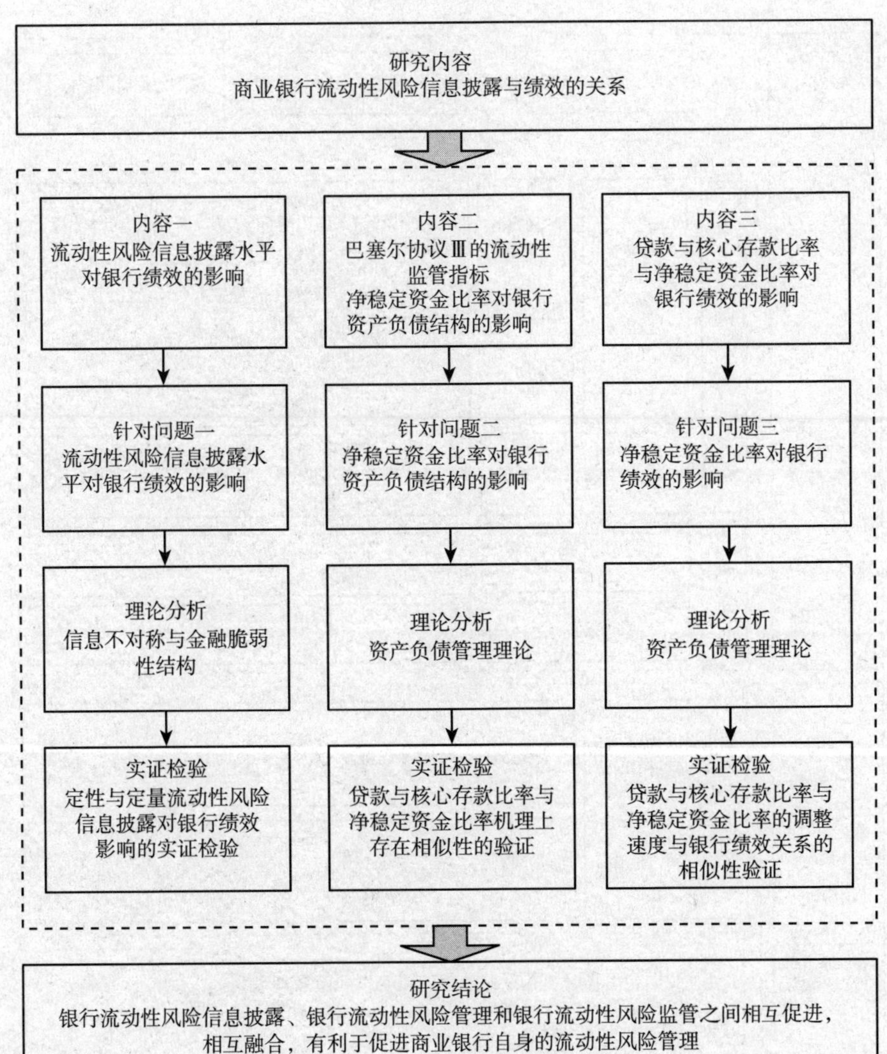

图 1－4　研究内容框架

创新等。第 2 章是相关文献综述，主要围绕商业银行流动性风险信息披露对银行绩效的影响进行相关文献回顾与述评。首先，对于银行流动性风险、银行信息披露以及银行绩效分别进行文献综述与梳理，总结出商业银行流动性风险信息披露方面的研究相对欠缺，然后针对商业银行流动性风险信息披露与银行绩效之间的关系根据现有研究成果进行述评，基于此，提出本书需要进一步研究的问题，并为本书研究提供了文献基础。

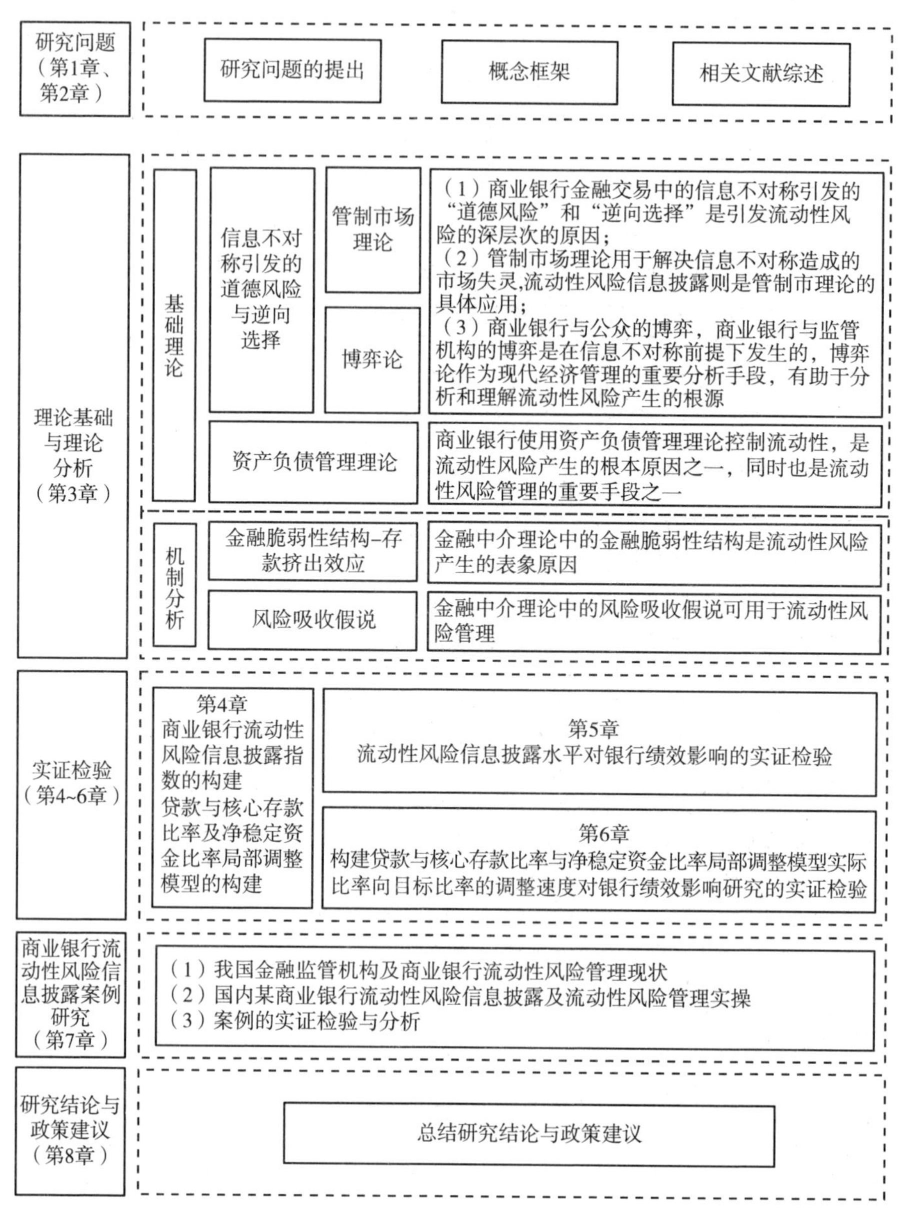

图 1－5　本书结构安排

第二部分为理论基础分析，包括第 3 章。本书涉及的基础理论是博弈论、信息不对称理论、管制市场理论和资产负债管理理论。第 3 章主要阐述及时充分的流动性风险信息披露会使投资者、债权人以及公众等利益相关者了解银行的经营管理情况和风险概况，做出合理决策，避免信息不对称引发的逆向选择和道德风险问题。而金融脆弱性结构—存款挤出效应，以及风险吸收假说又抑制了银行流动性的创造，因此，银行流动性风险信息披露会释放一部分流动性，避免流动性危机的发生。

第三部分为实证检验部分，包括第 4 章、第 5 章和第 6 章。第 4 章构建了流动性风险信息披露指数与局部调整模型，流动性风险信息披露指数用来衡量银行的流动性风险信息披露水平，局部调整模型是用于估算流动性监管指标的目标比率和调整速度，为下述两章提供实证研究的前提和基础。第 5 章检验了定性与定量流动性风险信息披露水平对银行绩效的影响效应。第 6 章检验了实施《巴塞尔协议Ⅲ》后净稳定资金比率对银行绩效的影响研究。

第四部分为案例研究部分，包括第 7 章。第 7 章对我国商业银行流动性风险信息披露与流动性风险监管的现状进行了梳理与分析，并对商业银行流动性风险监管实践、流动性风险信息披露的实证检验以及流动性风险信息披露后的市场反应进行了案例分析，并且以国内某大型商业银行为例深入论证其流动性风险信息披露的可行性。

第五部分为研究结论和政策建议，包括第 8 章。根据上述理论分析与实证检验，得出全书的研究结论，并提出相应的政策建议，以及本书研究的局限性。

1.4 研究创新和研究意义

1.4.1 研究创新

近年来，随着各国监管机构以及商业银行越来越重视其流动性风险，对于银行流动性风险产生根源的关注度也越来越高，因此，商业银行流动性风险的相关研究也成为学术界研究的热点问题，有学者从宏观上研究整个银行体系的流动性风险（沈沛龙，2013；王晓婷，2017），或者基于宏观审慎监管视角研究商业银行流动性风险监管，以及资本监管下商业银行风险承担行为研究（刘青云、杨有振，2016）。国外学者（Perihan Iren，2010）针对信息披露与银行绩效、银行稳定性方面进行了定量分析与研究。然而，从微观角度研究银行流动性风险，特别是通过研究银行流动性风险信息披露水平对银行绩效的影响研究却鲜见于文献。《巴塞尔协议Ⅲ》提出并实施后，关于《巴塞尔协议Ⅲ》的研究也逐渐增多，但大多集中在对其监管框架的介绍以及该监管框架下金融市场和商业银行流动性风险管理的影响研究。在这一研究趋势下，本书选取流动性风险信息披露为研究方向，以流动性风险信息披露水平对银行绩效的影响为切入点，结合实施《巴塞尔协议Ⅲ》后对银行资产负债结构与银行绩效影响的对比研究，对我国商业银行流动性风险信息披露机制进行深度剖析。本书基于银行绩效视角的流动性风险信息披露研究拓展和丰富了商业银行流动性风险的相关研究成果。因之，本书可能的创新之处归纳如下。

（1）创新性地提出了流动性风险信息披露水平的概念，基于银行绩效视角，为研究流动性风险信息披露与银行财务绩效之间的关系提供了实证检验的新思路。现有研究鲜见对于银行流动性风险信息披露水平进行定量分析，本书通过构建流动性风险信息披露指数来衡量银行流动性风险信息披露水平，并且通过对流动性风险信息披露水平与银行绩效进行回归分析，较为科学地验证了两者之间的计量关系。为银行高级管理层重视流动性风险信息披露，积极主动地提高其流动性风险信息披露水平，促使银行加强自身的流动性风险管理，做出合理决策，进而影响银行绩效及其稳定性提供了实证与理论研究的依据。

（2）首次采用局部调整模型对流动性风险信息披露相关指标进行动态对比研究，即通过构建局部调整模型来估算净稳定资金比率的调整速度和贷款与核心存款比率的调整速度的对比研究，揭示实施《巴塞尔协议Ⅲ》后对我国商业银行流动性风险信息披露的影响效应。传统的衡量银行流动性监管水平的指标是贷款与核心存款比率，实施《巴塞尔协议Ⅲ》后，要求强制性披露的流动性监管指标是净稳定资金比率。本书通过构建局部调整模型估算我国商业银行贷款与核心存款比率的目标比率

(LTCD*)、实际贷款与核心存款比率向目标比率的调整速度以及贷款与核心存款比率的调整速度与银行绩效之间的关系。《巴塞尔协议Ⅲ》引入的新的流动性监管指标净稳定资金比率，由于在构成和理念上均与贷款与核心存款比率相类似，本书以相同的局部调整模型估算出净稳定资金比率的目标比率（NSFR*）和调整速度，并研究净稳定资金比率的调整速度与银行绩效的关系，通过对比贷款与核心存款比率与净稳定资金比率的调整速度与银行绩效之间的关系，进而得出实施《巴塞尔协议Ⅲ》后流动性监管新规的强制实施对于银行流动性风险监管产生的影响，即由原来银行自己主导的流动性风险管理上升到由监管机构对银行强制实施具有约束力的流动性风险监管后对银行绩效的影响。研究同时发现，当银行受到外界因素的影响使其偏离贷款与核心存款比率或净稳定资金比率目标比率时，存在实际比率向目标比率靠近并且维持银行财务绩效达到最优值的调整速度。

(3）通过实证的方式验证了实施《巴塞尔协议Ⅲ》时，可根据银行资产规模的不同分别设定不同的净稳定资金比率的监管标准，即对不同资产规模的银行实施差异化监管。目前，我国在实施《巴塞尔协议Ⅲ》时要求所有银行的流动性覆盖率和净稳定资金比率均高于100%，而在实际操作过程中，银监会要求各商业银行执行的最低比率均高于100%，通常为105%或者更高。本书通过对总资产规模超过5万亿元的10家国内大型国有商业银行及股份制商业银行设定的净稳定资金目标比率及其实际比率向目标比率接近的调整速度的实证分析，发现规模较大的银行相对于规模较小的银行能更快速地调整到接近的目标比率，这说明当大型商业银行受到冲击偏离其流动性目标时，具有更强的调整能力。因此，本书的研究有助于监管机构考虑在保证银行流动性风险可控的情况下（流动性覆盖率和净稳定资金比率均大于100%），针对不同资产规模的银行设定不同的净稳定资金比率监管阈值，尽可能地减少因流动性风险监管而导致银行盈利能力的下降，尽管这种下降可能只是在短期内提供理论和数据支持。

1.4.2 研究意义

1. 理论意义

（1）本书针对商业银行流动性风险信息披露的研究，从流动性风险形成机理上对流动性风险的产生进行深度剖析，为监管机构及商业银行后续的流动性风险监管及管理提供了方向和针对性。从商业银行流动性风险的形成机理来看，流动性风险的产生主要源自资产负债管理理论的资产和负债之间的期限错配。从金融中介理论的角度来看，商业银行金融中介作用是将流动性强的负债转换为流动性差的资产的过程，而维持这种流动性转换的金融脆弱性结构又是产生流动性风险的重要根源。从经济学理论的角度来看，信息不对称理论是产生银行流动性风险的深层次根本原因，博弈论事实上是在信息不对称理论作用下，与金融脆弱性结构共同构成了产生流动性风险的理论根源。而深度剖析商业银行流动性风险的形成机理，为监管机构制定流动性风险监管和管理政策法规的有效性提供了理论支持和经验证据。

（2）通过对我国商业银行流动性风险信息披露水平与绩效的关系研究，将流动性风险信息披露的研究从关注成因、度量拓展到流动性风险信息披露与银行绩效视角，补充和完善了商业银行流动性风险信息披露的理论新框架，拓展了我国商业银行流动性风险信息披露的研究思路与深度。当前流动性风险越来越受到研究者和监管部门的重视，但流动性风险的研究大多还局限于传统的流动性风险成因、流动性风险管理指标的研究上，并且通常情况下会认为流动性风险信息披露会对银行绩效产生负面影响。本书从银行绩效的角度切入流动性风险信息披露的研究，研究发现：就流动性风险信息披露本身而言，可能不会对银行绩效产生正面影响，但是，流动性风险信息披露对银行自身及外部市场产生的后果，会对银行绩效产生积极的影响。一方面，商业银行在披露其流动性风险信息的过程中，充分审视和发现自身流动性风险管理存在的问题，进而加强银行内部的流动性风险管控，这种风险管控本身对银行强调的安全性是一种制度保障；另一方面，尽管短期内定性与定量流动性风险信息披露会影响公众信心，银行绩效可能会下降，但是，从长远来看，在披露机制成熟并达到一定程度后，这种风险信息披露能使得投资者、债权人与存款者对银行的经营管理状况和内部风险控制有更为充分的了解，进而合理规避风险，做出更好的决策，之后银行绩效会随着流动性风险信息披露水平的提高而逐渐上升。

（3）通过实证对比研究商业银行传统的流动性风险监管指标贷款和核心存款比率与我国银监会最新要求披露的《巴塞尔协议Ⅲ》净稳定资金比率，揭示了净稳定资金比率的本质以及实施《巴塞尔协议Ⅲ》净稳定资金比率后对我国商业银行流动性风险信息披露可能产生的影响。本书通过局部调整模型的构建分别估算了我国商业银行净稳定资金比率和贷款与核心存款比率的预期最佳目标比率以及实际净稳定资金比率和贷款与核心存款比率向最佳目标比率变化的情况，并进一步比较净稳定资金比率和贷款与核心存款比率的调整速度对银行绩效的影响研究。对比分析发现，净稳定资金比率和贷款与核心存款比率的调整速度变化规律及对银行绩效的影响有着相似的回归结果，这说明净稳定资金比率在构成机理上与贷款与核心存款比率相类似，而《巴塞尔协议Ⅲ》流动性监管新规的强制实施对于我国商业银行原有的资产负债结构会产生一定的影响，但总的影响不会太大，在实践中具有可操作性。

2. 现实意义

我国商业银行的内部风险计量及评估体系尚不完善，各种风险信息披露始终是信息披露中的薄弱环节。充分的信息披露可以使投资者、债权人及公众等外部利益相关者充分了解商业银行的经营情况和风险管理状况，保护其自身权益，但是，充分的信息披露也会给银行带来隐性危机和潜在风险。因此，完善对商业银行流动性风险的信息披露机制，加强市场对银行经营行为的约束作用具有重要的现实意义。

（1）有利于监管机构在商业银行流动性风险管理中发挥积极作用。商业银行的经营面临着各种各样的风险，特别是一旦爆发了流动性风险，就具有极强的外部性和传染性，容易引起连锁反应，导致社会恐慌。因此，监管机构有必要进一步加强对银行的风险监管，其中，很重要的一项就是对商业银行流动性风险管理的介入与监管。研究流动性风险的信息披露与银行绩效之间的关系，为完善和健全我国商业银行内部的流动性风险计量及评估体系、弥补信息披露环节中流动性风险信息披露的不足，为监管机构制定和完善流动性风险监管制度规范提供了有益的参考，进而为商业银行的稳健经营发挥了积极的作用，从而保证了我国商业银行健康可持续发展。

（2）有利于商业银行加强流动性风险的防范与管理，关注外部利益相关者的利益。商业银行是国民经济的重要支柱产业，同时也是特殊的高负债高风险企业，商业银行大部分的资金来源于储户的存款，在这种高负债及资本的高杠杆经营特征下，加之商业银行又是高度的信息不对称企业，为追求更丰富的资本回报率，商业银行的投资者与高级管理层基于个人利益的短期行为而损害存款者的经营道德风险在不断增加，由此引发的流动性风险从而导致银行经营失败的可能性也在增强。充分的信息披露可以使投资者、债权人及公众等利益相关者充分了解商业银行的经营情况和风险管理状况，保护其自身权益，也有利于商业银行更多地关注和考虑包括存款者在内的外部利益相关者的利益，自觉地加强银行流动性风险的管理与防范。

（3）有利于加强市场对商业银行的约束作用，增强银行的风险承担行为。商业银行是以货币为经营对象的特殊企业，同时，商业银行也具有高负债高杠杆经营的特点，这种特殊性决定了整个银行系统的脆弱性和风险集中的特性，作为整个经济社会资本流动的核心载体，商业银行的稳定至关重要。作为银行监管的三大支柱之一，市场约束在商业银行监管中起着非常重要的作用，充分的流动性风险信息披露有利于商业银行的利益相关者通过市场选择的行为，比如，对风险性较高的银行采取提高风险溢价，间接影响银行资金来源的成本和资产价格，促使商业银行进行风险管理从而降低经营风险，这也有利于增强商业银行披露风险信息的意愿，形成信息披露与市场约束相互促进的良性循环。

第 2 章

相关文献综述

2.1 商业银行流动性风险研究

2008 年全球金融危机爆发以来，金融机构囿于流动性困境导致的财务危机甚至濒临破产等现象，引发了管理层和学术界对商业银行流动性风险的广泛讨论，银行在日常风险管理中如何保持流动性以应对冲击带来的风险即成为理论界和实务界关注的焦点，然而，很少有系统性的关于银行流动性风险的研究成果出现。基于此，本书首先通过对流动性风险的本质、流动性风险的形成机制、度量及影响因素等方面进行相关文献的梳理，在深入剖析银行流动性风险的根源所在的基础上，进一步展开商业银行流动性风险信息披露的相关研究。

2.1.1 商业银行流动性风险的本质

流动性风险是商业银行的固有风险，伴随着商业银行而出现的，也是银行其他风险的最终表现形式。桑德斯（Saunders，1997）认为，在现有的金融环境下，银行流动性风险一直以来都是金融监管的核心问题，由于商业银行经营方式与资产结构的特殊性，其流动性风险最为严重。20 世纪

30年代的资本主义经济危机引发了学术界对银行流动性风险的相关研究，存款保险制度和中央银行制度也应运而生了。全球银行体系直至20世纪70年代末都较为稳定，因此，这一时期对于银行流动性风险及银行稳定性的关注度较低。20世纪80年代初，商业银行的流动性风险问题再次引起争论与广泛关注，是由于世界性债务危机造成的。1983年，戴蒙德和戴维格（Diamond & Dybvig）在《银行挤兑、存款保险和流动性》中首次提出了经典的阐释银行流动性风险内生性根源的D-D模型。

商业银行的本质就是转换和创造流动性，即在流动性较高的负债与流动性较低的资产之间进行转换，创造流动性来支撑实体经济的发展（Diamond & Dybvig，1983）。艾伦（Allen，2001）和盖尔（Gale，2000）认为，D-D模型提出的流动性框架针对的是不完全市场结构，银行间的单向联动是很容易使流动性风险蔓延的，而银行间发生交易的所谓完全市场结构规避风险的能力则相对强一些。弗雷克萨斯和罗切特（Freixas & Rochet，1997）进一步扩展了D-D模型，当单个银行发生流动性危机时，由于存款者无法判断遭受损失最严重的银行，则倾向于提取银行存款，这样就会产生“羊群效应”，从而导致银行之间无法相互提供紧急的流动性援助。巴塔查里亚和撒克（Bhattacharya & Thakor，1993）指出，流动性风险是银行日常经营管理需要防范的，其深层次的根源在于银行的核心“转换”服务。通常情况下，银行作为流动性提供者，大部分资金都与传统的核心存款有关，而核心存款允许存款人随时支取，于是将银行暴露到“挤兑”风险当中（Diamond & Dybvig，1983）。但是，尼尔和鲍曼（Nier & Bouwman，2006）认为，正是由于银行资本结构的脆弱性创造了流动性，从而为存款者提供了流动性保险，能够使借款者投资于收益高但流动性相对较低的项目。根据金融脆弱性结构和存款挤出效应，越来越多的银行创造流动性，也就使得银行无法满足客户突发性的取款需求，进而产生流动性风险。因此，马茨和诺伊（Matz & Neu，2007）指出，银行需要通过外部融资来增强其偿付能力，以免于在极端情况下使用甩卖价出售部分资产来应对意外损失。

对于流动性风险与银行危机之间的关系，科伦和塞德尔（Koren &

Szeidl，2001）通过建立银行危机模型表明，银行与存款者之间的信息不对称是产生流动性风险的根本性原因，进而影响到银行的高质量资产，由此引发了银行资产的流动性风险问题。卡夫曼（Kaufman，1994）指出，资产的非流动性与存款者的流动性需求相结合产生的银行业，在信息不对称的情况下，增强了发生银行危机的可能性。戴蒙德和拉詹（Diamond & Rajan，2001）指出，流动性资产的短缺对整个银行体系的影响是银行破产会减少流动性创造，进而导致整个银行体系的瘫痪。古德哈特和伊林（Goodhart & Illing，2002）研究发现，银行危机的蔓延容易受到银行关联交易的影响，而且本国蔓延的普遍性较之于跨境蔓延更为严重。另外，博格和鲍曼（Berger & Bouwman，2009）指出，异常流动性创造时期要先于美国的金融危机时期。对于2008年发生的金融危机，也同样表明银行越依赖于非存款批发融资，其股票收益就越差，资产收益率也越低。更重要的是，博洛尼亚、巴斯克斯和费德里戈（Bologna，Vazquez & Federico，2012）认为，金融危机前流动性较差的银行在随后发生的危机中倒闭的可能性更高。

2.1.2 商业银行流动性风险的形成机制

1. 银行流动性转换是产生流动性风险的内生性根源

商业银行自身特性决定了银行的流动性风险具有极强的内生性和脆弱性（De Bandt & Hartmann，2004）。首先，商业银行的主要利润来源是存贷利差，一般而言，银行吸收的存款相对于发放贷款的期限较短，即通常所说的期限错配。也有学者指出，产生流动性风险的表面原因是银行资金来源与资金运用的不确定性，而深层次的原因则是流动性和营利性之间无法同时兼顾（姚长辉，1997）。弗雷克萨斯和罗切特（Freixas & Rochet，2008）在《微观银行学》中指出，商业银行的存款合同通常会赋予存款者随时提取活期存款的权利，当银行将存款用于长期贷款和投资后，就有可能出现因无法兑付存款者而导致资金缺口，进而引发流动性危机。通常情况下，银行只需持有一定数量的流动性储备来满足存款者的取款需求，但是，在特定情况下，当存款者出现集中“挤兑”时，银行就会因资产无法迅速变现而产生流动性风险。其次，由银行之间复杂的表内表外联系形成的相互间的风险暴露，会导致“羊群效应”的发生，破坏银行体系的流动性。具体表现为，当一家银行出现流动性风险问题时，使得多数存款者倾向于从银行中提取存款，这种“挤兑”很快会波及其他银行，从而将单个银行的流动性风险扩展到整个银行体系，进而导致整个金融体系的坍塌。最后，银行间的协同效应会增加金融体系内流动性风险发生的概率，造成这种协同效应的原因是不同银行的资产负债结构和风险管理方法的同质化，这种风险管理的同质化会使不同银行的流动性风险水平产生类似“共振”的效应。遗憾的是，对于此类由同质化特征所导致的系统性风险目前仍缺乏理论研究和实践应对措施，只有曼斯基（Manski，1993）通过社会互动模型中的“内生互动”从理论层面对银行的协同效应做出了一定解释。

2. 因追求利润而导致过度的期限错配加剧了银行的流动性风险

吸收存款，发放贷款，是商业银行将负债转换为资产，为经济社会提供所需的流动性的过程，而短期存款转变为长期贷款，期限的不匹配是流动性风险产生的主要原因。商业银行的资金来源主要包括所吸收的存款与各类拆入资金等，这部分资金绝大部分为短期资金，而中长期贷款及债券等是商业银行资金运用的主要构成部分。这种大量的短期负债被长期贷款和投资占用的情况就是通常所说的期限错配，而这也是商业银行的金融中介属性所决定的。存贷利差是商业银行利润的主要来源，一些银行为了追求利润，过度放贷，导致期限错配严重，成为引起流动性风险的最主要因素。

一般情况下，在银行日常的流动性风险管理过程中，能够满足持有一定数量的可覆盖其存款及利息支付和意外支出的流动资产即可（Acharya et al.，2011；Allen & Gale，2004a，2004b；Gale & Yorulmazer，2011；Vives，2011）。如果银行维持较高的流动性水平，则会因资金成本过高导致银行的利润下降，而维持较低的流动性水平，如不考虑流动性成本对收入水平的影响（见表2－1），利润可能增加，但与此同时，出现流动性风险的可能性也会同时增加。因此，确保银行的流动性资产成本和收益的平衡，保持适当的流动性水平，是银行日常流动性管理的重要内容。但是，邦菲姆和吉姆（Bonfim & Kim，2012）认为，银行维持日常经营的流动资产往往不足以应对突发性的挤兑以及资金市场的突然流动性短缺，受银行协同效应的影响，各银行的流动性水平会变得逐步趋同，进而导致银行间流动性风险“共振”现象的发生（王晓婷，2017）。

表2－1　　不同时期银行持有流动性资产的成本和收益

项目	正常经营期		危机期	
	流动性高的银行	流动性低的银行	流动性高的银行	流动性低的银行
成本	较高的经营成本	较低的经营成本	较低的风险处置成本	较高的风险处置成本
收益	较低的收益	较高的收益	没有财务困境	潜在的财务困境

商业银行作为现代金融体系的关键组成部分，除了为经济社会提供流动性，在现代经济活动中还承担着信用中介、支付中介、信用创造、金融服务等重要职能，也是银行获得收益的主要途径。与流动性转换过程类似的是，上述功能的实现也伴随着流动性风险的产生，银行在实现上述社会功能过程中，当银行在短时间内无法筹集到到期债务的偿付以及维持正常经营的足够的资金时，流动性风险会随之发生。银行依赖于高杠杆和不可持续的资金结构来满足其资产负债的扩张，是流动性风险累积的重要原因（Diamond & Rajan，2000）。

3. 其他类别风险的转化

除了流动性风险外，信用风险、市场风险、操作风险等都是商业银行面临的其他风险，银行流动性风险的产生与其面临的其他风险有着密切的相关性。银行流动性风险的爆发往往是其他风险长期积累、相互作用的结果，因此，很多学者认为，流动性风险是银行其他风险的终极表现形式。除学术界之外，部分监管机构也持类似观点。美国货币监理署指出，商业银行应该在流动性评估及资产负债管理中对信用风险、利率风险以及声誉风险等加以关注，并妥善管理。香港金融管理局（Hong Kong Monetary Authority，HKMA）认为，其他风险如信用风险、操作风险和声誉风险等可能会对商业银行以合理价格获取资金产生不利影响，从而影响到银行的流动性状况，增加流动性风险，银行应加以妥善对待。还有学者通过归纳流动性风险的影响因素指出，资产负债的规模与结构的合理性、央行的货币政策、利率变动、金融市场发展的完善程度都直接导致其他风险向流动性风险转换（姚长辉，1997）。

4. 流动性风险和挤兑

挤兑和流动性危机是一种相伴相生的过程，通常认为流动性风险的集中爆发导致挤兑，而挤兑又导致银行系统的“羊群效应”。关于挤兑的成因有学者进行了相关研究，戴蒙德和戴维格（1983）提出的 D－D 模型指出，当所有的存款者同时选择离开时，挤兑随之发生。卡什亚普、拉詹和施泰因（Kashyap，Rajan & Stein，2002）构建了商业银行的流动性决策模型，认为商业银行的流动性转换功能是造成挤兑的原因。莫里斯和沈（Morris & Shin，1998）、戈德斯坦和波兹内（Goldstein & Pauzner，2000）认为，挤兑发生的原因在于银行存款者之间的“协调失败”。阿查里亚和纳克维（Acharya & Naqvi，2012）从银行考核机制的角度指出，大多数银行由于只注重信贷的发放，忽略了过度信贷造成的流动性短缺的问题。埃里克和奇－乔（Eric & Cho-Hoi，2009）通过压力测试的方法评估银行因资产价格引发市场风险，进而转化成银行流动性风险，并且指出在正常时期，银行的挤兑均衡不会存在，只有在经济衰退时期，挤兑才会发生。科内特、麦克纳特和斯特拉恩（Cornett，McNutt & Strahan，2011）指出，流动性风险敞口是次贷危机中银行信贷规模下降的原因，同业市场的冻结和抵押担保证券市场的崩溃也是危机中流动性枯竭的根源所在。

2.1.3 商业银行流动性风险的影响因素

银行的流动性风险被视为“派生”风险，影响银行流动性风险的因素

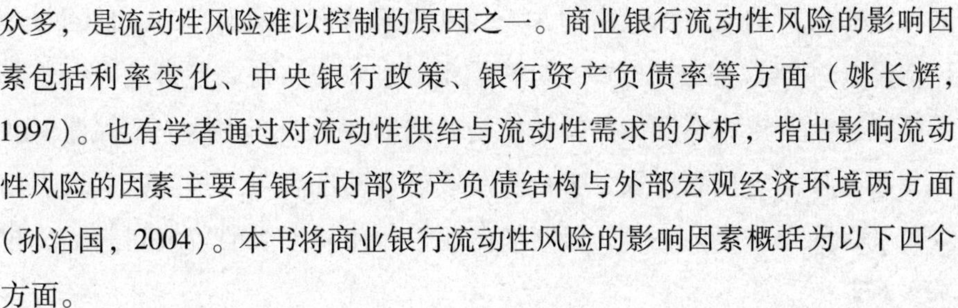

众多，是流动性风险难以控制的原因之一。商业银行流动性风险的影响因素包括利率变化、中央银行政策、银行资产负债率等方面（姚长辉，1997）。也有学者通过对流动性供给与流动性需求的分析，指出影响流动性风险的因素主要有银行内部资产负债结构与外部宏观经济环境两方面（孙治国，2004）。本书将商业银行流动性风险的影响因素概括为以下四个方面。

1. 中央银行的货币政策

中央银行的基本职能之一是制定和执行货币政策，而货币政策会直接或间接影响商业银行的流动性。在货币政策较为宽松的时期，商业银行获取资金比较容易，阿查利亚和纳克维（Acharya & Naqvi，2012）指出，当宏观经济上行时，金融市场和商业银行的流动性较为充足，银行过度放贷容易导致资产泡沫的产生，为流动性风险埋下隐患。当国家采取货币紧缩政策时，市场的流动性普遍较为紧张，商业银行的融资成本增加，商业银行如果无法及时筹集到到期兑付所需资金，就有可能发生流动性危机，我国 2013 年发生的“钱荒”就是典型的例子。一般来说，当金融市场出现较为严重的流动性紧张时，为了缓解商业银行的流动性紧张，中央银行通常会向商业银行提供一定规模的信贷支持。

2. 金融市场的成熟度

金融市场的成熟度对商业银行的流动性风险有着举足轻重的影响。从负债角度来看，成熟的金融市场能提高商业银行的主动负债能力，能保证商业银行及时地以合理价格获取所需资金，商业银行在成熟的金融市场中能够获得更多的融资渠道以及更大的融资便利。从资产角度来看，成熟的金融市场有利于提高商业银行的资产变现能力，商业银行可以快速地出售其持有的流动性资产获取流动性。因此，金融市场的成熟度与商业银行的主动负债能力及资产变现能力密不可分，成熟完善的金融市场对商业银行通过资产端或负债端获取所需资金提供了极大的便利。反之，在不成熟的金融市场中，商业银行快速获得流动性的难度增加，流动性风险发生的概率也随之增加。兰茨克勒纳和帕鲁什（Landskroner & Paroush，2008）通过建立静态分析模型对商业银行流动性管理进行分析后指出，商业银行资产和负债结构是其流动性风险产生的主要因素，并且指出，信贷市场的竞争程度与商业银行流动性风险发生的概率呈正相关关系，而存款市场的竞争程度与商业银行流动资金的短缺问题呈负相关关系。

3. 经济周期的波动

商业银行的流动性往往会受到经济周期的影响。伯南克和格特勒（Bernanke & Gertler，1989）指出，作为银行风险缓释的担保物的价值与经济周期同步，相应信息的不对称程度也随着经济周期的波动而变化。在经济下行期，高质量贷款担保物的价值在减少，而信息的不对称程度在增加，导致银行对借款者的信用评价容易产生偏差，从而更容易发生风险暴露，增加银行面临的流动性风险。戈顿（Gorton，1988）通过对美国1865～1914年间银行数据的研究发现，银行挤兑往往发生在经济周期中的衰退期和萧条期阶段。赫尔曼等（Hellman et al.，2000）研究显示，如果银行的剩余索取权受到损害，银行往往会产生更大的投机冲动。由于这种效应在经济处于下行期时反而增强，此时，银行负债会面临着严峻考验，导致银行的流动性风险程度会以一种不对称的方式出现。巴曙松、朱元倩等（2011）的研究指出，当经济处于上行期时，金融市场流动性充足，商业银行更容易通过主动负债来获取资金，担保物的价值通常处于升值状态，一般不会发生流动性风险。而当经济处于下行期，特别是出现严重的经济衰退时，悲观的预期成为社会主流，银行主动负债和资产变现能力下降，流动性资产遭到抛售，极易引发流动性危机。

4. 国际金融市场的影响

维拉斯科和常（Velasco & Chang，1998）指出，随着国际经济全球化进程的不断推进，引起的资本流入和汇率的改变导致整个金融环境变得更加复杂，在一定程度上也增加了产生银行“挤兑”和流动性风险的可能性。有些学者通过研究东南亚金融危机指出，影响银行流动性风险的微观因素，比如存贷利差增加、资本充足率降低、不良贷款率过高以及银行自身资产流动性欠缺等都是导致银行流动性风险的主要原因（刘海虹，1999）。也有些学者综合分析了引发银行流动性风险的内部和外部因素指出，利率变动、倾向性政策、资产负债结构都是银行流动性风险产生的重要根源（张文娟，2013）。

2.1.4　商业银行流动性风险的度量

由于商业银行流动性风险的不易测量性，流动性风险的度量成为国内外众多学者的研究热点。根据对以往文献的梳理，流动性风险度量方法有静态指标衡量法、动态指标衡量法以及计量方法，即根据银行资产负债表或者现金流量表中的指标直接度量或加以处理，来反映银行在某一时点或一定时间区间范围内流动性的变化情况，以此来度量其流动性风险。国外学者杰里米·伯克维特（Jeremy Berkowit，2000）提出了衡量流动性风险的 VaR 模型。雷伊·S. A.、弗龙蒂·J. I. G. 和卡斯帕·M. T.（Rey S. A.，Fronti J. I. G. & Casparri M. T.，2005）运用模糊数学理论和极值理论的方法来衡量银行流动性风险。还有些学者通过直接反映银行流动性风险状况的指标来度量银行流动性风险（Loredana & Alexandru，2013；Imbierowicz & Rauch，2014；Ogilo & Mugenyah，2015）。艾克曼等（Aikman et al.，2009）、卡柏迪亚等（Kapadia et al.，2012）利用银行偿付能力、流动性状况、公众信息三个指标，并且使用“危险区间法”度量银行流动性风险。另外，还有部分国内学者对银行流动性风险起间接作用的变量进行分析，尝试从多方面多维度对流动性风险进行度量（王晓婷，2017）。

关于商业银行流动性风险的度量，国内学者邢钟文（2015）指出，银行流动性的测量包括两部分：对资产的测量，即“储存”流动性；对负债的测量，即“购买”流动性。一部分学者基于因子分析法从 6 个维度选取 12 个流动性风险评价指标，综合评估我国上市商业银行的流动性风险（钟永红，2014）。还有学者构建了随机流动性比率模型，从资产负债匹配程度、资产流动性及负债流动性三方面综合分析国有商业银行和股份制商业银行流动性风险的差异性（沈沛龙，2013）。顾晓安和朱书龙（2016）使用信用违约互换模型和压力测试模型对传统的流动性缺口指标进行修正，修正后的缺口影响因素将未到期信贷资本提前变现和未到期存款提前支取两种情形一并纳入。胡剑（1991）使用现金资产比率、二级准备金比率、资产流动性比率、存贷比率等指标来衡量样本银行的流动性风险。VaR 计量方法在衡量流动性风险方面典型的进展是 GARCH 模型得以在金融预警系统中的运用。周爱民（2001）对流动性风险进行的 VaR 测试与检验就使用了 GRACH 模型。季教民等（2009）衡量商业银行流动性风险时使用了流动性净头寸，即资金供给与流动性需求之间的盈余。还有学者使用 Copula-Kernel 模型和统计模拟法，对我国商业银行内部的流动性风险进行了衡量，衡量使用的银行内部流动性风险因子包括贷款与存款之比、活期存款与定期存款之比，运用 Copula-Kernel 函数刻画风险因子之间的相依结构，我国商业银行内部流动性风险的衡量则分别使用历史模拟法和蒙特卡洛模拟法（徐加，2010；潘哲琪，2013）。

王晓婷（2017）指出了使用损失法度量流动性风险的缺陷，当使用损失法度量银行所持有资产在市场上的流动性风险时，银行在市场上出售持有资产的难易程度和价格决定了资产变现的能力，在很大程度上决定了银行获取流动性的能力，这种能力的大小体现了银行资产的风险价值，价值越高表示银行面临的流动性风险越小，反之亦然。传统 VaR 模型的隐含假设是投资者可以在特定时间内以特定价格完成交易，忽略了由于市场深度和市场失灵而导致的无法在短时间内以合理价格出售一定数量资产的市场风险，即忽略了一直存在的流动成本。

由此可见，国内外学者都对如何建立评价指标体系来衡量银行流动性风险进行了理论分析与实证检验。本书则利用银行传统的衡量流动性风险监管的指标贷款与核心存款比率和《巴塞尔协议Ⅲ》强制要求披露的流动性风险监管指标净稳定资金比率进行对比分析，来阐述商业银行如何基于《巴塞尔协议Ⅲ》框架监管其流动性风险。

2.1.5 商业银行流动性风险的防范

有些学者通过构建模型表明，银行可以通过两种方式来防范其流动性风险：即运用较高的流动性缓冲以及提高其偿付能力的透明度来防止银行遭受流动性冲击的可能性（Ratnovski Lev，2013）。还有些学者从信息不对称的角度指出，提高银行透明度能降低银行偿付能力的不确定性，在流动性风险管理中起着至关重要的作用（Ratnovski Lev，2007）。然而，采取限制资本金、暂停流动性转换等措施主要是为了防止银行挤兑，同时也会减少银行流动性的创造（Dimond & Rajan，2000）。戴蒙德（1997）将有限参与的金融市场加入新构建的模型中，并内在化其资产流动性，进而验证该类市场对银行的经营管理有着非常重要的影响。另外一些学者运用银行间流动性分享的方式来缓解单个银行遭受到的流动性冲击（Bhattacharya & Gale，1987；Qi，1993）。

基于前述对于银行流动性风险的本质、形成机制、度量以及影响因素的文献梳理，为防范银行流动性风险提供了采取应对措施的依据和方法。商业银行流动性风险的防范在流动性风险监管过程中的意义重大，但是，寻求更便捷更有效的流动性风险防范措施仍值得进一步研究和探讨。

2.1.6 相关文献述评

综合以上文献，国内外学者对银行流动性风险进行了广泛研究，形成了较为丰富的研究成果。对于流动性风险的成因、影响因素分别从理论到实践，从微观到宏观视角进行了丰富的研究，从理论角度揭示出基于D－D模型的金融中介理论和信息不对称理论是商业银行流动性风险产生的核心理论。从实践及微观的角度阐述了商业银行追求利润的本质是促使流动性风险发生的内生性因素。而从宏观层面来看，宏观经济政策、金融市场环境、经济运行周期及国际市场是导致流动性发生的外部诱因。

国内外已有研究为进一步研究商业银行流动性风险管理及流动性风险

信息披露在理论层面奠定了一定的基础。但是，关于商业银行流动性风险理论模型、流动性风险的预防及流动性风险度量方面的研究还稍显不足，从银行绩效角度对流动性风险信息披露的相关研究更是鲜见。

2.2 商业银行流动性风险信息披露研究

2.2.1 商业银行流动性风险监管研究

鉴于银行流动性风险监管的重要性，国内外学者从不同角度展开了研究。研究角度之一是流动性监管指标对银行自身的影响，以及如何通过调整银行的资产负债表结构来满足监管机构的流动性风险监管要求（李明辉、刘莉亚等，2016）；研究角度之二是与《巴塞尔协议Ⅲ》相关的符合流动性监管新规的披露要求，但又不违背当前银行流动性监管理念，利用《巴塞尔协议Ⅲ》强制要求披露的净稳定资金比率来监管银行长期的结构性流动性问题。

对于《巴塞尔协议Ⅲ》框架下的流动性监管新规的相关研究，国外学者也采用定性与定量相结合的方式对银行资产负债表结构进行分析与调整（Deyoung R. & Jang K. Y.，2016）。银行流动性风险形成的主要原因是没有处理好存款与贷款及其相互之间的关系，找到最佳的贷款与存款比率。为此，部分学者研究借款人到期无法偿还等与贷款相关的影响、存款人和货币市场债权人对现金的突然需求等与存款相关的影响以及二者对银行流动性的综合影响（Deyoung R. & Jang K. Y.，2016）。另一些学者的研究表明，存款支取和贷款下降并非正相关，而是与商业周期波动相关，在公共信贷市场流动性紧张时期，投资人会减少在银行的存款，银行则会削减贷款总额（黄宪、熊启跃，2013）。这种自然的流动性对冲是银行被动流动性管理的例子，用于缓解与商业周期波动相关的银行存贷比，也就是说，贷存比一直以来都是银行监管流动性风险的重要指标。还有些学者认为，权威监管机构对银行流动性风险的监管可以作为银行主动管理流动性的替代方式（周琳，2013）。并且模拟了银行对流动资产的需求，确定了流动性需求的决定因素，包括公司治理、流动性风险的外部来源、银行资产的市场性、银行对冲策略以及金融杠杆。而阿查利亚和莫拉（Acharya & Mora，2015）则认为，流动性对冲是制度性的而不是自然发生的，因为其依赖于存款保险制度。《巴塞尔协议Ⅲ》增加了资产负债表的资本要求以及实施资产负债表流动性的最低监管标准，从而使得银行资本比率在商业周期内自然波动。最低资本要求和流动性约束如何影响银行贷款行为，可以用资本和流动性监管替代资产负债表，或者作为银行资产负债表的补充。任何基于《巴塞尔协议Ⅲ》框架下的银行流动性风险监管都可能是更加严格的《巴塞尔协议Ⅲ》规则下流动性风险行为的不良预测因素。

关于银行监管部门是否应该披露有关银行的详细信息，普雷斯科特（Prescott，2008）对此进行了具体分析并且提出了以下三种模式：银行向监管机构和市场提供同一份财务报告；银行分别向监管机构和市场提供不同的财务报告，并且监管部门不披露这些信息；银行有选择性地公布监管文件，比如从监管机构收到的信用评级文件，同时，监管机构具有检测虚假报告的技术。然而对于监管机构来说，披露其收集的信息相对而言比较困难。一些学者通过分析1998～2008年中国银行业的全样本信息指出，名义上市场约束的影响因素包括市场集中度、同业存款、信息披露和股权结构（Yuliang Wu & Michael Bowe，2010）。而研究发现，市场约束证据的影响在于：（1）高（低）水平的市场集中度导致银行运营低（高）水平的资本缓冲；（2）股份制银行倾向于对公众披露更多的信息，如核心资本充足率等；（3）国有商业银行会降低银行对风险水平的资本缓冲敏感性；（4）发布更多财务信息的银行持有相对不良贷款来说更多的资本。由此可以看出，公众对于银行审慎经营与风险控制的关注度越来越高，也进一步促使市场约束发挥其应有的作用，从而建立完善的商业银行信息披露机制。

总而言之，现有文献对银行流动性风险监管的研究绝大多数集中于流动性风险的评价、度量以及形成机理等方面。一些学者从流动性风险管理的角度提出一些流动性监管指标，同时，也有些学者针对《巴塞尔协议Ⅲ》的提出及其对银行业的影响进行了相关研究。这些研究都是对相关指标的静态描述性研究，没有深入考虑银行业务的变化，尤其是对于净稳定资金比率的研究，尚未从资产负债表的调整方面进行深入剖析，以及对净稳定资金比率与现有的监管银行流动性风险指标进行对比分析的研究更是很少见于文献。

2.2.2 商业银行流动性风险信息披露研究

1. 商业银行流动性风险信息披露的必要性研究

商业银行作为经济社会的金融纽带，其经营状况对经济的影响举足轻重，其财务状况、业务活动、风险概况等信息应当向包括投资者、债权人、存款者及其他市场参与主体及时披露，使市场参与者对银行风险状况做出客观的判断。但是，由于银行经营的产品和服务具有特殊性，使得有关银行经营管理和风险信息具有先天的不透明性。因此，信息披露是投资者获取信息最经济的途径，银行信息披露会减少银行机构的内在不稳定性（Diamond，1985）。而市场约束能发挥作用主要依赖于市场参与者获得充分的信息，如果银行经营业绩不佳，过多的信息披露则会使银行资本向更高效的机构转移（Jacklin & Bhattacharya，1988；Chari & Jagannahan，1988），同时，信息披露也会限制银行的过度冒险行为（Calomiris & Khan，1991）。

商业银行作为经营货币的特殊企业形态在现代经济社会中的地位尤为重要，自现代意义上的银行诞生以来，银行业的经营理念一直未变。资产负债期限错配和流动性管理是其两大核心经营理念。吸收存款和发放贷款的过程就是期限错配过程，借款者希望占有资金的时间越长越好，而投资者却尽可能地希望出借资金的时间越短越好，由此而来，银行的这种经营特征就引发了流动性风险。因此，银行高级管理层需要具有为长期贷款筹措资金的能力，并采取相应措施来确保银行能够获得持续的流动性（休亨瑞，2012）。正如早期文献所提到的，银行降低了交易成本（Benston & Smith，1976），同时为投资者提供其所期望的信息和服务（Campbell &

Kracaw，1980)，比如提供流动性保险（Diamond & Dybvig，1983)，以及为银行贷款者提供特殊服务等。

事实上，由于近十多年来流动性风险导致的金融危机频发，为了能使全球银行体系有充分的资金应对可能出现的流动性危机，巴塞尔银行监管委员会于 2010 年 12 月提出了《巴塞尔协议Ⅲ》。巴曙松、尚航飞等(2014) 进一步阐述了2013 版巴塞尔协议流动性监管框架的修订背景，提出将银行的流动性监管与资本监管提升到同等重要的位置，这将对我国商业银行流动性风险的信息披露产生深远而重要的影响。由此看来，有关商业银行流动性风险信息披露方面的问题，国内外学者对此的相关研究也在逐步深入，开始是对银行流动性风险的关注，探究其产生的原因及带来的不良后果，进而提出适度的流动性风险信息披露是否会有益于投资者、债权人和存款者等充分了解银行的经营管理情况及内部风险控制。这一系列问题都引发了对商业银行流动性风险信息披露进行深入研究和探讨的必要性。

2. 商业银行流动性风险信息披露机制的完善

对于商业银行流动性风险信息的披露内容及披露方式国内学者也进行了深入研究，研究认为，商业银行信息披露还需要贯彻有效性、成本效益和重要性原则，所披露的信息必须具有真实性、相关性、及时性、可比性、完整性和可理解性等质量特征（夏博辉，2003)。

菲利普等（Philip et al.，2006）通过研究加拿大和英国银行的风险信息披露，发现银行现有的风险信息披露较少，并且披露的信息主要反映过去而不是未来的潜在风险信息。而有的学者在评估 190 家葡萄牙信贷机构的风险信息披露时发现，定性与定量风险信息披露的错位会导致所披露的信息不容易理解（Oliveira et al.，2011)。有的学者通过研究风险信息披露限制银行风险性行为的效果时指出，银行应提高风险信息披露程度、披露更多的风险信息来表明其经营的稳健性，以减少投资者的不确定性(Bauman & Nier，2003)。但是，过多地披露与银行风险相关的不利信息，则可能导致“挤兑”现象，甚至引发银行危机（Rochet & Vives，2004)。有的学者从流动性政策对流动性风险影响的角度对英国商业银行的流动性进行了研究，发现中央银行可充当“最后贷款人”角色，向商业银行提供流动性的机率与银行流动性风险水平呈正相关关系，说明国家对银行的隐性信用担保会导致道德风险问题（Oriol，Erilend Nier & Muriel，2005）。王丽娜、朱卫东（2009）以浦发银行年报为例分析了我国上市银行的流动性风险信息披露的制度设计及完善措施。夏博辉（2003）从定量角度提出要建立我国商业银行公开信息披露的期望差距和公开信息披露偏离度两个定量标准。

2.2.3 《巴塞尔协议Ⅲ》监管框架下的流动性风险信息披露研究

1. 新旧巴塞尔协议的比较

巴塞尔银行监管委员会（Basel Committee on Banking Supervision，BCBS）是全球最具影响力的银行业监管标准制定机构，多年来一直致力于维护全球金融体系的稳定。巴塞尔协议的发展是一个不断演变、持续改进的过程，巴塞尔协议是理论研究和金融实践相结合的成果。2008 年世界金融危机之后，巴塞尔银行监管委员会和各国监管机构逐渐认识到《巴塞尔协议Ⅰ》和《巴塞尔协议Ⅱ》提出的最低资本监管在应对流动性危机时的不足与局限性。为此，《巴塞尔协议Ⅲ》在坚持强调资本监管核心理念不变的同时，增大风险覆盖范围，重点强调了银行体系的流动性风险监管。新旧巴塞尔协议的背景、内容及意义的比较如表 2－2 所示。

表 2－2　新旧巴塞尔协议的背景、内容及意义比较

项目	产生背景	内容	作用
《巴塞尔协议Ⅰ》	金融全球化、创新化浪潮高涨，国际金融市场监管受限	资本组成、风险加权制、设计目标标准比率、过渡期及实施安排	对银行最低资本要求、信用、市场和操作性风险的最低资本充足率、信贷风险的衡量标准及风险监管
《巴塞尔协议Ⅱ》	现行资本协议不能准确敏感地反映真实的风险水平	最低资本要求、监管部门对资本充足率的监督检查和市场约束	三大支柱并用、增加了对操作风险的要求、增加内部评级法来衡量信用风险

续表

项目	产生背景	内容	作用
《巴塞尔协议Ⅲ》	2007 年美国次贷危机引起全球金融危机，大批银行倒闭破产	扩大资本覆盖风险的范围、增强监管资本工具的损失吸收能力，引入杠杆率监管指标，引入流动性监管标准，建立逆周期资本和准备金框架，重新确定最低资本监管要求	提高银行业抗击流动性冲击的能力，提高流动性风险管理和治理能力

资料来源：根据巴塞尔银行监管委员会发布的系列文件整理。

2. 巴塞尔银行监管委员会对流动性风险监管的历史演进

巴塞尔银行监管委员会从 20 世纪 90 年代起展开了对流动性监管的探索，1992 年 9 月制定了第一份与流动性风险相关的《计量与管理流动性框架》，初步形成了用于指导全球银行业的流动性管理的框架。2000 年 2 月，根据银行业流动性管理实践的变化，巴塞尔银行监管委员会发布了《银行机构流动性管理的稳健做法》，该版本是依据之前的流动性框架修订而来的。2007 年美国次贷危机爆发之后，巴塞尔银行监管委员会于 2008 年 9 月发布的《流动性风险管理和监管稳健原则》强调了稳健监管流动性风险的核心理念。为了进一步提高商业银行流动性风险管理，并且增强其应对流动性危机的能力，巴塞尔银行监管委员会随后于 2010 年 12 月发布了《巴塞尔协议Ⅲ：流动性风险计量标准和监测的国际框架》，明确提出流动性风险监管与资本监管处于同等重要的位置。紧接着，2013 年 1 月，巴塞尔银行监管委员会又推出了《巴塞尔协议Ⅲ：流动性覆盖率和流动性风险监测工具》，即新的流动性监管规则，加强了对银行资本和流动性风险的监管。2014 年 10 月，巴塞尔银行监管委员会发布的《巴塞尔协议Ⅲ：净稳定资金比例》，阐述了净稳定资金比率的定义、计量与报告的频率、最低监管要求及实施范围等内容。

其中，《巴塞尔协议Ⅲ：流动性风险计量标准和监测的国际框架》确立了全球统一的流动性风险监管指标：短期监管指标流动性覆盖率和中长期监管指标净稳定资金比率。强制要求流动性覆盖率于 2015 年引入最低标准60%，此后每年递增10%，并计划于2018年推出《巴塞尔协议Ⅲ》的最终版本。表2-3是巴塞尔银行监管委员会历年来关于流动性风险监管的演进历程。

表2-3　巴塞尔银行监管委员会关于流动性风险监管的演进

阶段	时间	文件	中文题目
探索期	1992.09	A Framework for Measuring and Managing Liquidity	计量与管理流动性框架
	2000.02	Sound Practices for Managing Liquidity in Banking Organisations	银行机构流动性管理的稳健做法
	2006.05	The Management of Liquidity Risk in Financial Groups	金融集团流动性风险管理
发展期	2008.02	Liquidity Risk: Management and Supervisory Challenges	流动性风险：管理和监管挑战
	2008.09	Principles for Sound Liquidity Risk Management and Supervision	流动性风险管理和监管稳健原则
完善期	2009.05	Principles for Sound Stress Testing Practices and Supervision	稳健的压力测试实践与监管原则
	2009.12	International Framework for Liquidity Risk Measurement, Standards and Monitoring (Consultative Document)	流动性风险计量、标准和监测的国际框架（征求意见稿）
	2010.12	Basel Ⅲ: International Framework for Liquidity Risk Measurement, Standards and Monitoring	《巴塞尔协议Ⅲ：流动性风险计量标准和监测的国际框架》
	2013.01	Basel Ⅲ: The Liquidyt Coverage Ratio and Liquidity Risk Monitoring Tools	《巴塞尔协议Ⅲ：流动性覆盖率和流动性风险监测工具》
	2013.04	Monitoring Tools for Intraday Liquidity Management	日间流动性管理监测工具
	2013.07	Liquidity Coverage Ratio Disclosure Standards (Consultative Document)	流动性覆盖率披露标准（征求意见稿）
	2014.01	Liqudity Coverage Ratio Disclosure Standards	流动性覆盖率披露标准
	2014.01	Guidance for Supervisors on Market - Based Indicators of Liquidity	流动性覆盖率和限制使用的已承诺流动性便利
	2014.10	Basel Ⅲ: the Net Stable Funding Ratio	《巴塞尔协议Ⅲ：净稳定资金比例》

资料来源：根据巴塞尔银行监管委员会发布的系列文件整理。

3.《巴塞尔协议Ⅲ》框架下的银行流动性风险信息披露研究

《巴塞尔协议Ⅲ》流动性监管框架发布之后，随即快速引起国内外学者的广泛关注并成为研究热点。肖拉法（Chorafas，2011）指出，流动性覆盖率的100%阈值相对偏低，可以再提高一些，而《巴塞尔协议Ⅲ》中优质流动性资产的定义也不是足够明晰。加斯顿和英格玛（Gaston & Ingmar，2011）通过对卢森堡商业银行的流动性覆盖率和净稳定资金比率两个监管指标的模拟回归分析发现，银行如若披露流动性覆盖率和净稳定资金比率会对商业银行的信贷规模产生一定程度的影响，并且净稳定资金比率达到监管标准的影响要比流动性覆盖率的影响更大一些，同时还指出，拥有更多融资渠道的大型银行相比于小型银行来说其信贷规模受到的影响则相对较小。巴曙松、尚航飞（2012）认为，《巴塞尔协议Ⅲ》流动性监管新规的实施会使银行经营风险增大，甚至有可能加剧市场的流动性风险，进而影响金融稳定。还有学者估算出实施《巴塞尔协议Ⅲ》后，由于杠杆率的下降，欧元区银行业的净资产收益率将下降4%左右，而美国银行业的净资产收益率会下降3%左右（McKinesy，2012）。钟伟和谢婷（2011）分析了《巴塞尔协议Ⅲ》流动性监管框架的产生背景和流动性监管指标之后指出，我国商业银行应加强对现金流、资产负债结构管理的同时将“影子银行”纳入其管理范围。部分学者认为，2008年发布的《流动性风险管理和监管稳健原则》充分体现了稳健监管流动性风险的核心理念，并且良好的监管治理结构对改进和完善商业银行流动性风险监管框架至关重要（周良，2009）。另一部分学者提出，对流动性风险的监管应以防范期限错配带来的风险为监管重点（陈波、杨开泰，2011）。还有部分学者认为，《巴塞尔协议Ⅲ》流动性监管指标的实施会加剧商业银行吸收存款的竞争程度，因而促使其提高对国债、央行票据、政策性银行债的需求，抑制其放贷冲动（隋洋、白雨石，2015）。

对于《巴塞尔协议Ⅲ》流动性风险监管的研究，国内外学者主要集中于对监管框架的阐述与简要评价、产生的背景及《巴塞尔协议Ⅲ》流动性监管框架对商业银行流动性风险管理的影响（钟伟、谢婷，2011）。筹资方式的结构性转变和更高的发行成本也是巴塞尔流动性监管框架对国际银行业的影响（巴曙松，2011；2012）。瑞斯和布科奇（Reuse & Buchkovd，2011）则认为，银行披露流动性覆盖率和净稳定资金比率这两个监管指标的可靠性还有待进一步观察。巴曙松等（2014）介绍并总结了泛欧金融监管框架和欧盟版《巴塞尔协议Ⅲ》的监管标准，提出我国应实现差异化的监管标准，避免出现监管真空。巴塞尔流动性监管框架对金融市场的影响在于银行利润的下降，此外，还具有冲击金融稳定、宏观经济、道德风险等诸多负面影响（巴曙松，2012）。

综上所述，大多数学者的研究认为，《巴塞尔协议Ⅲ》要求披露的净稳定资金比率将迫使银行增加可用稳定资金（available stable funding，ASF），针对这种情况，商业银行将通过增加长期存款和减少短期存款来提升银行负债融资的稳定性（King，2013；Harle et al.，2010）。隋洋和白雨石（2015）经过研究分析认为，商业银行会通过提高中小企业和个人存款比例降低对同业存款的依赖等方式来提升可用稳定资金的水平。

2.2.4 相关文献述评

现有文献对于银行流动性风险信息披露进行了相关研究，形成了较为丰富的研究成果，但研究领域大多集中于从理论层面阐述银行流动性风险信息披露的必要性和如何完善商业银行的流动性风险信息披露机制。但是，已有研究对反映商业银行流动性风险信息披露真实水平的衡量标准与方法的相关研究还有所欠缺，从银行绩效角度对流动性风险信息披露的研究更是少见于文献。另外，有关巴塞尔协议的研究也只是对于《巴塞尔协议Ⅲ》的解释和实施规范的阐述，而关于实施《巴塞尔协议Ⅲ》后的影响，现有研究更多地是从理论分析层面分析阐述了实施《巴塞尔协议Ⅲ》后在短期内会对银行业造成一定的负面影响，而从长期来看则会对金融稳定及经济增长产生积极影响，受限于《巴塞尔协议Ⅲ》实施时间短，相关数据缺失，导致实施《巴塞尔协议Ⅲ》对银行业影响的实证研究相对较少。

2.3 商业银行流动性风险信息披露的实证研究

2.3.1 商业银行信息披露的实证研究

1. 商业银行信息披露的评价变量

完全的信息披露会降低银行利润，并且信息噪声也会增加银行的融资成本（Lee，1999）。近年来，以网络平台的信息披露作为信息披露代理变量之一的研究兴起较快，郭菲（2012）选取商业银行网站信息披露指数作为商业银行信息披露的代理变量，通过建立评价指标体系对商业银行信息披露的详细情况进行量化研究。有些学者通过研究伊斯兰国家商业银行得出结论：信息披露水平是相对于财务杠杆比率和银行盈利能力而言，衡量银行自身风险更为有效的评价指标（Wan et al.，2011）。胡奕明（2002）通过编制"披露指数"和"披露比率"两个工具来分析上市商业银行的信息披露程度。而巴曙松等（2006）指出，在日益激烈的竞争环境下，市场对各类信息的反应更加敏感，银行需要在信息披露方面更加谨慎以避免过度信息披露引发的负面效应。但是，也有研究认为，过多的信息披露会使公众对不利信息反应过度，破坏银行系统的稳定性进而增加银行的系统风险（Chen & Hasan，2006）。万·塔塞尔和埃里克（Van Tassel & Eric，2011）指出，信息披露会降低银行融资成本，并且银行信息披露的动机与银行资本金比例呈负相关关系，与其他银行披露的信息量呈正相关关系。

2. 商业银行信息披露与银行绩效的实证研究

对于商业银行信息披露与银行绩效的关系，国内外学者做了大量的理论与实证分析。部分学者对商业银行信息披露与银行绩效的关系持积极态度。托尔斯滕·比克、德米尔古克－肯特和罗斯·莱文（Thorsten Beek，Asli Demirguc-Kunt & Ross Levine，2003）研究银行监管与融资的关系时，对49个国家5000家商业银行进行分析，研究表明，第三方机构的监督有利于促进银行提供准确的信息，减少不合理融资。希拉·赫弗兰等（Shelagh Heffernan et al.，2008）以1999~2006年的76家中国银行机构作为样本数据，银行绩效的衡量指标选择经济增加值和净利息收入，并进一步分析影响银行绩效的因素，发现银行上市与否以及是否外资持股对银行绩效没有显著影响。此外，国外一些学者针对信息披露与银行绩效的关系进行了实证研究与检验（Park，1995；Billet et al. 1998；Martinez Peria & Schmukler，2001），研究发现，信息披露会产生边际效应递减，因此达到公开信息披露的最佳水平（呈“U”型关系）是有益的，若提供太多复杂的信息会导致非理性的储户恐慌和大规模的“挤兑”。

也有部分学者通过比较分析对我国商业银行的信息披露情况进行了研究。胡奕明（2002）对国内外银行的信息披露程度进行比较研究发现，英国和美国商业银行的披露比率高达43.66%，非巴塞尔银行监管委员会成员国韩国、新加坡、澳大利亚等的平均披露比率也达33.78%，而我国商业银行的披露比率平均为12.19%，显而易见，我国商业银行的信息披露程度与发达国家相比，还有着明显的差距。赫特尔（Hirtle，2007）发现，过多的信息披露与更有效的风险承担相关，同时也能提高风险调整后的银行收益。佩纳斯和图默－阿尔坎（Penas & Tumer-Alkan，2010）使用土耳其银行业市场数据发现市场约束的疲软迹象，利用银行的金融脆弱性结构，研究监控银行经营活动的市场反应能力时发现市场对金融脆弱性措施的负面反应。通过对信息披露质量和时限的市场反应研究表明，改进披露要求能够增强财务会计报告的信息量和严重滞后于信息披露的审计报告的信息量。

2.3.2 商业银行流动性风险信息披露的实证研究

1. 商业银行流动性风险信息披露的评价变量

银行规模是影响流动性风险信息披露水平的一个重要变量，通常认为，规模较大的银行往往成立较早、效益较好，更愿意披露更多的信息以便在公众面前树立良好形象，相对于规模较小的银行而言，规模较大的银行股权结构复杂，对外部资本的需求较高，有更强烈的自愿性信息披露动机，以降低因信息不对称所产生的代理成本。邸倩（2011）的回归分析结果也证实了资产规模与银行社会责任信息披露水平之间呈现正相关关系。李元（2012）的研究则进一步证实，银行规模与上市商业银行的自愿性信息披露水平存在着非常显著的相关性，银行规模越大，越倾向于对外披露信息。

2. 流动性风险信息披露与银行绩效的实证研究

近年来，有些学者对银行信息披露的成本效益、是否需要强化监管以及信息披露的必要性等方面做了大量研究。国外学者也针对信息披露与银行绩效、银行稳定性方面做了定量分析与研究（Perihan Iren，2010）。还有学者对流动性风险信息披露与银行绩效进行实证研究与检验，所得出的结论认为流动性风险信息披露能够对银行产生积极影响，并且能使银行绩效最大化，揭示出流动性风险信息披露影响银行绩效的作用机制（史燕丽、刘玉廷，2017）。而银行类型及所在地区的金融市场化程度是影响银行绩效的主要外部因素。也就是说，银行绩效的影响因素可分为内生性因素和外生性因素，即宏观经济环境、行业因素、制度环境和银行特征等（朱宏泉，2014）。具体针对银行绩效的内部影响因素来说，国内外学者也主要从信息披露水平和质量影响银行绩效加以阐述，却很少涉及流动性风险信息披露对银行绩效产生的影响进行具体分析。

然而，从银行绩效角度对流动性风险信息披露的研究却鲜见，本书对流动性风险信息披露水平与银行绩效进行实证研究检验，试图揭示出流动性风险信息披露影响银行绩效的内在机制，并且研究流动性风险信息披露是否能够对银行产生积极影响，从而使银行绩效最大化，以期为我国商业银行流动性风险信息披露制度的制定和完善提供新的思路和参考借鉴。

2.3.3 相关文献述评

综合上述文献分析，国内外学者对商业银行信息披露做了广泛深入的研究，取得了丰富的研究成果。从相关文献来看，尽管有部分学者认为，信息披露会对银行经营产生一定的负面影响，但大部分研究观点还是倾向于信息披露对于银行绩效有着积极的影响，认为通过公开信息披露可以减少不确定性，降低有关消息对银行绩效的负面影响程度。另外，信息披露研究中关于商业银行信息披露水平的研究为商业银行流动性风险信息披露研究提供了一个可供借鉴的新的研究视角。

然而，国内外学者关于商业银行信息披露方面的研究还存在一些不足，主要体现在商业银行信息披露研究的关注点更多的在规范制度层面，研究的着眼点也大多体现在对会计信息披露以及信息披露如何满足监管机构的监管要求上，关于流动性风险信息披露的实证研究相对较为不足。另外，受限于国内商业银行公开披露的风险信息相对较少，数据获取不易，关于风险信息披露特别是流动性风险信息披露的实证研究尚有所欠缺，关于商业银行流动性风险信息披露与银行绩效之间的实证研究更是鲜见于文献。

2.4 研究现状评价

2.4.1 已有研究述评

自从巴塞尔新资本协议将市场约束作为银行监管的三大支柱之一后，商业银行信息披露日益受到学术界和实务界的重视，但是，关于流动性风险信息披露对银行绩效的影响研究却鲜有可见，特别是实施《巴塞尔协议Ⅲ》强制性要求披露的流动性监管指标对银行资产负债结构与银行绩效的影响效应，国内类似研究更是少见。通过对 2001 ~2016 年商业银行风险信息披露相关文献的简要述评，对未来的研究方向提出有价值的参考。从研究范式来看，有 547 篇是理论研究，占 83.90%；36 篇使用案例分析，占 5.52%；69 篇采用实证检验与理论分析相结合，占 10.58%。经过汇总筛选，选取《光明日报》《会计研究》《国际金融研究》《金融研究》等报纸和期刊上发表的 479 篇期刊论文和 30 篇报纸论文，以及山西财经大学、西南财经大学、复旦大学和厦门大学等高校的 143 篇硕博士学位论文作为研究样本，进行统计汇总，详细情况如表 2－4 所示。

表 2－4　　关于商业银行风险信息披露方面的文献汇总

论文类别	篇数（篇）
期刊论文	479
报纸论文	30
学位论文	143
合计	652
其中：案例研究	36
实证研究	69

资料来源：根据相关文献整理。

通过上述总结归纳发现，有关商业银行风险信息披露的实证研究仍不成熟，主要原因是我国上市商业银行数量相对较少，上市时间较晚，无论从时间序列还是横截面数据来看，样本量偏少，客观上限制了对研究样本的细分，在一定程度上影响实证研究结果的代表性，并且同质化特征明显。以 2008 年为分界点，此后的实证分析论文逐步增多，而此前对商业银行风险信息披露的研究多数停留在理论层面的定性探讨，用数据验证的实证分析相对较少。究其原因：一是国有商业银行股份制改革上市均是在 2006 年后逐步完成，受限于公开数据的可获得性；二是非上市商业银行的风险信息披露状况欠佳，无法为实证研究提供数据基础。目前对上市商业银行进行分组比较研究的也很少，仅有的研究也是选取两家商业银行进行案例比较分析。

从上述文献回顾可以看出，国内外学者对商业银行流动性风险的本质、度量、形成机制及影响因素、商业银行信息披露与银行绩效的关系、商业银行流动性风险信息披露进行了相关研究，对本书有着非常有益的借鉴意义和参考价值。但是，现有文献较多集中于商业银行流动性风险管理和商业银行信息披露研究，具体针对商业银行流动性风险信息披露，尤其是基于银行绩效视角的流动性风险信息披露研究相对较少，这也从另一方面表明了对此项研究进行深入探讨的必要性。

2.4.2 值得进一步研究的问题

基于国内外研究现状述评发现，目前有关商业银行流动性风险信息披露的实证研究还相对较少，基于银行绩效视角的流动性风险信息披露研究更是鲜见，对于国有上市商业银行和股份制上市商业银行对比研究的实证检验分析也很少。本书将研究商业银行流动性风险信息披露水平对银行绩效与银行稳定性的影响，以及实施《巴塞尔协议Ⅲ》流动性监管新规后，新的流动性监管指标对银行资产负债结构与银行绩效的影响效应进行相关理论分析与实证检验。通过梳理银行流动性风险监管、流动性风险管理与流动性风险信息披露三者之间的联系，进而提出针对商业银行自身特色的流动性风险信息披露机制，以促进我国商业银行的流动性风险监管和管理。

第 3 章

理论基础与机制分析框架

本章的主要目的是分析商业银行流动性风险信息披露的理论基础，构建机制分析框架。深入探讨资产负债管理理论、信息不对称理论、管制市场理论以及博奕论对商业银行流动性风险信息披露产生的深层次影响机理；进而通过金融脆弱性结构—存款挤出效应和风险吸收假说呈现出来的市场表现形式，研究其如何作用于商业银行的流动性风险监管、流动性风险管理及流动性风险信息披露，促使银行加强自身的流动性风险管理及完善流动性风险信息披露机制。

3.1 商业银行流动性风险信息披露的基本理论解释

3.1.1 信息不对称理论

商业银行作为经营货币的金融中介企业，信息不对称现象尤为突出，比如银行与监管机构之间、银行与借款者之间、银行与存款者之间均存在着信息不对称（彭建刚，2000）。银行从投资者或存款人处获取资金，同时取得了资金的支配权，能够充分有效地了解其自身经营过程中的风险和收益等相关信息，而投资者虽然作为资金的权利人，却无法参与资金运作，在信息获取方面处于明显的劣势。因此，银行与投资者在风险信息获取能力及信息掌握程度方面存在着严重的信息不对称。从信息经济学与博弈论的角度来看，这种存在于金融交易中的信息不对称与信息不完全极易产生“道德风险”和“逆向选择”问题（Stiglitz & Weiss，1981），并将影响金融市场的资源配置效率。同时，对于商业银行特有的高风险性和易传染性的资产负债结构，极易产生银行危机，为此，经济学理论认为，应当利用充分的信息披露机制来减少信息不对称带来的影响。而从信息不对称引发的逆向选择和道德风险的视角分析，更需要规范银行流动性风险信息披露的方式与内容，提高流动性风险监管效率，促进和完善商业银行流动性风险信息披露制度（李琪琦，2014）。这样不仅能解决金融市场效率低下的问题，还能更大限度地避免传导性银行危机问题（李永华，2013）。

国内外学者还通过建立挤兑模型来阐述银行的信息不对称问题。杰克林和巴塔查里亚（Jachlin & Bhattacharya，1988）基于大量信息构建了银行挤兑模型，该模型验证了一个双向信息不对称问题，即银行不明确存款者的真实流动性需求，而存款者也不了解银行的真实资产状况，当部分存款者获悉有关银行风险资产回报不利的信息时，便会产生银行挤兑。国外学者还将巴罗和维克斯（Barro & Vickers，1986）的货币政策模型加以改进，使用不完全信息动态博弈的方法建立了银行与存款者的行为博弈模型，研究表明，良好的银行声誉有助于引导存款者形成有利的预期，减少银行挤兑的发生，但是，这些需要发达成熟的银行体系、有效的银行内部治理机制、公开的银行信息披露制度和隐性存款保险制度作为制度保障（张仁德、姜磊，2005；巴曙松等，2007）。

通过向市场披露私人信贷信息，银行可以降低其贷款组合的不透明度。但是，对于提高外债方面透明度的优势是否超过与某些借款人的信息优势相关的成本，有关这方面的研究发现，银行披露信息的动机与银行资本比率呈负相关关系。而通过披露一系列低风险客户的信息，使得银行能够减少提供给定数额的外部债务所需支付的费用，同时，银行资本比率越低，披露信息的动机就越高。相关研究有助于充实有关银行是否有动机披露私人信贷信息的理论文献。帕加诺和杰派利（Pagano & Jappelli，1993）

研究了贷款人在逆向选择模型中信息共享的收益和成本，银行在其经营模式中持有关于借款人的私人信息，选择与其他银行分享，增加了其对申请人资质的充分了解。布卡尔特和德格里斯（Bouckaert & Degryse，2006）建立了一个隐藏借款者类型的模型，银行可能会选择战略性地披露有关其贷款组合的一些信息，来影响竞争对手银行面临的逆向选择问题。帕迪拉（Padilla，1997）、帕加诺（Pagano，2000）、佛卡门（Vercammen，1995）研究信息共享对银行与借款者之间道德风险的影响，表明了信息共享如何提高了借款者在投资项目上投入更高成本的动力，限制了银行未来租金的提取能力。格里克和斯滕巴卡（Gehrig & Stenbacka，2007）认为，如果信息共享减少了银行未来获得信息的租金，那么将会在最初形成贷款关系的同时减少竞争，并且能够增强银行业务拓展能力。

法玛（Fama，1985）指出，银行从借款人处获取个人内部信息，使得银行在金融市场上具有比较优势，若银行定期披露有关其借款者的私人的、难以获取的信息，将会降低投资者的逆向选择问题。现有的理论文献已经明确了信息披露可以获利的部分原因，而在大多数情况下，这些文献着重于披露如何影响与偿还贷款有关的逆向选择和道德风险问题。这个问题的核心是一个基本的权衡，一方面，披露有关借款者的私人信息会降低银行对其竞争对手的信息优势，如果银行以某种形式受益，比如从对方信息披露或借款人提供的还本付息激励措施中受益，则失去这一优势也是值得的；另一方面，持有关于其客户的私人信息的银行可以选择披露信息，以此来表明外部投资者的贷款组合是低风险的。基于此，银行就可以将其外部投资者的债务利息打个折扣，或向贷款者收取一定的费用。通过披露信贷信息，其他银行可以识别低风险客户，并提出能够反映较低风险的报价。因此，增加银行信息披露的透明度能使客户获取较低利率的债务融资，而且在信贷市场上具有优势，银行通过债务融资而不是股权融资获得的资金越多，银行披露其信贷信息的动机就越强。

基于上述分析，本书借助信息不对称理论引发的道德风险和逆向选择问题，将商业银行流动性风险的信息披露作为银行流动性风险监管和管理的有效监管途径之一，避免投资人和存款者的资金投向其他的金融机构，以及银行高级管理层利用信息屏蔽谋取不正当利益。

3.1.2 管制市场理论

20世纪30年代，世界经济危机爆发之前，金融监管理论运用于中央银行实施货币监管以防止银行挤兑的政策层面。而早期的金融监管理论是建立在古典经济学对金融市场采取放任自由的理论基础之上的，对于金融机构具体经营行为干预得较少。凯恩斯于1936年发表的《就业、利息与货币通论》，对亚当·斯密“看不见的手”理论提出疑义，随后凯恩斯的宏观经济理论占据了西方经济理论的支配地位。受此影响，金融监管理论认为，政府实施金融监管以纠正金融体系中的市场失灵，能够提高资源配置效率。

管制市场理论始于20世纪70年代，主要研究政府在市场机制作用下如何按照既定规则干预和管理金融机构的经营行为。而政府规制根据公共利益研究范式来看，起源于市场失灵，市场失灵的主要表现是信息不对称导致的效率低下，为了避免市场经济运行可能给公众带来的损失并弥补市场机制的缺陷，管制市场理论认为，完全自由的市场中存在无效性和滞后性等问题，如果没有有效的调控和监管，是无法仅仅依靠市场机制来解决的，因此，需要政府强制性干预来进行适当的市场管制。相对于一般的商品和服务市场而言，金融市场的信息不对称性更加明显，“市场失灵”现象愈加容易产生。对此，传统经济学理论也认为，政府应该对金融市场进行适当的干预，具体而言，即是引入商业银行风险信息披露机制，加强银行对风险相关信息的披露来弥补市场机制调节的不足之处，尽可能地避免因信息不对称导致的逆向选择和道德风险问题，削弱银行市场的信息壁垒，提高金融市场透明度，促进银行业良性竞争。银行进行风险信息披露需要耗费成本，当成本和收益无法达到平衡时，银行就有可能采取降低信息披露质量或者减少信息披露数量等方式。由于信息的不对称，银行管理者拥有的信息比投资者更多，也就更有可能操纵银行的经营管理，产生道德风险问题。而此刻政府的适度规制是维护金融市场秩序的必要条件，各国银行监管实践均证明政府制定相关法规给予法律上的支持，是商业银行风险信息披露的制度保障。

综上所述，利用管制市场理论来规范和约束银行流动性风险信息披露的行为，从银行流动性风险监管的角度制定银行流动性风险信息披露规范和指引，强制要求各家商业银行严格执行，为了避免市场失灵，就需要政府干预。商业银行风险信息披露作为我国进一步完善市场经济机制、强化银行市场约束、提高金融透明度亟待解决的一个重要课题，是银行监管机构和广大存款者、投资者及其他相关利害关系者所关心的现实问题。长期以来，我国商业银行风险信息披露的内容、方式、程序不够规范，向社会披露信息的范围较窄，因此，我国商业银行的风险信息披露还很不健全，特别是在当前银行业经营环境发生巨变的情况下，银行业信息屏蔽已成为金融风险的一个重要根源（夏博辉，2003）。本书将基于管制市场理论的流动性风险监管如何约束银行的流动性风险管理，并通过流动性风险的信息披露实时监控银行的流动性风险，以避免因流动性风险导致的银行危机，促使银行稳健经营。

3.1.3　博弈论

博弈论（game theroy）又称为对策论，是经济学的标准分析工具之一，通过公式化激励结构间的相互作用来研究理性决策者之间的合作与冲突。通常情况下，设定局中人的效用函数、策略空间和信息结构，理性局中人会选择最优策略，追求效用最大化，从而达到均衡博弈。根据博弈论的相关理论设置前提条件。第一，“理性人”前提。监管中所涉及的三方参与者均为理性人，分别为监管机构、商业银行以及公众，在客观条件下都能够自愿选择“支付”，使其效用最大化。第二，策略前提。博弈各方都有影响其他各方“支付”的行动规则，即策略集，商业银行的策略集为 S_B = {违规，合规}，监管者的策略集 S_A = {监管，不监管}，公众策略集为 S_P = {监督，不监督}。第三，信息前提。局中人均掌握充分信息，拥有相关博弈方面的知识，即完全信息博弈。第四，纳什均衡。如果局中人任何一方的策略偏离纳什均衡，将减少其获益（孙颖，2011）。

1. 商业银行与公众的博弈分析

假设公众的存款额为 D，存款利率为 r，商业银行的投资收益率为 y（$y>r$），商业银行的违规收益率为 y'，公众的休闲收益率为 π，是公众没有实行监督从而在休闲中获得的效用，商业银行的违规成本为 h，公众的监督成本为 C_P。图 3－1 是商业银行与公众基于上述假设的博弈支付矩阵。

		商业银行	
		违规	合规
公众	监督	D_r-C_P，$D_{y'}-h$	D_r-C_P，D_y
	不监督	$D_r+\pi$，$D_{y'}$	$D_r+\pi$，D_y

图 3－1　商业银行与公众之间的博弈支付矩阵

2. 商业银行与监管者的博弈分析

假设监管者的直接成本是 C_A，即监管者运用经济、行政法律手段进行监管所投入的人力、物力和财力。当商业银行合规经营时，监管者的收益为 $-C_A$；监管者由于没有执行监管所获休闲收益为 φ（$\varphi<U$）。当商业银行违规经营时，监管者的收益为 $F+U$，其中，F 为罚款收入与没收违规所得收入之和，U 为成功执行监管后的包括通过考核、奖励及声誉的正效用。商业银行合规经营所得的正常收益为 R_B，商业银行违规经营所得的违规收益为 $R_E(R_E>R_B)$。图 3－2 是商业银行与监管者之间基于上述假设与分析的博弈支付矩阵。

		商业银行	
		违规	合规
监管者	监管	$F+U-C_A$，R_E-F	$-C_A$，R_B
	不监管	$\varphi-U$，R_E	φ，R_B

图 3－2　商业银行与监管机构之间的博弈支付矩阵

博弈论也可以很好地解释存款者的挤兑现象，一旦发生某种影响存款者信心的事件，挤兑就可能成为博弈的“纳什均衡”，当发生某种影响存款者信心的事件时，即便存款者都能意识到不进行挤兑更加有利于整体利益，但是，仍然会发生挤兑。也就是说，对于任何存款者来说，若其他存款者的策略都是挤兑，而自己不采用挤兑策略，则可能面临损失，因而，挤兑是其最优策略。若其他存款者选择不挤兑是其最优策略，那么，该存款者选择挤兑能确保其不遭受任何损失，挤兑也是其最优策略。所以，不管其他的存款者选择哪种策略，参与挤兑都是该存款者所要选择的最优策略。如果影响存款者信心的事件发生时，全部存款者的最优策略都会选择挤兑，如此一来，存款者参与挤兑即形成占优纳什均衡，其面临的囚徒困境将导致羊群行为（herd behavior），最终造成银行挤兑行为的发生。

从博弈论的角度来看，对商业银行风险信息披露与有效金融监管机制进行研究认为，对谎报信息的行为进行惩罚是激励银行真实报告其风险的关键。基于此，本书对银行流动性风险信息披露进行博弈分析发现，流动性风险引发的银行挤兑容易形成纳什均衡，存款者在参与挤兑时，面临着囚徒困境式的博弈环境，此时，挤兑是其选择的最优策略，而挤兑的传染性又极有可能使经营状况良好的银行也面临着倒闭的风险（陈德胜，2009）。而银行及时有效的流动性风险信息披露有利于外部利益相关者真实准确地了解银行的风险管理状况，做出理性决策，进而避免挤兑行为的发生。

3.1.4　资产负债管理理论

商业银行的流动性管理理论主要经历了以下四个阶段。（1）资产管理理论强调银行业务应该主要依赖于自有资产，资金来源要尽可能少地依赖于负债，经历了商业贷款理论、资产转移理论、预期收入理论三个发展阶段。（2）负债管理理论重点强调银行获取流动性的主要途径是管理负债，即通过主动获取负债资金这种稳定资金来源的形式来维持银行的资产流动性，加强资产业务，进而使得银行收益有所提升。（3）资产负债综合管理理论则认为，银行业务需要根据外部经济环境的变化而做出相应的资产负债结构的调整，比如，持有较多的短期资产就需要相应地减少短期贷款，中长期贷款结构不合理就相应降低中长期贷款数量，以避免产生银行流动性风险问题。（4）资产负债表内表外综合管理理论，伴随着金融衍生品和资产证券化的快速发展而产生的，该理论认为，综合考虑资产负债表内表外业务的发展是银行管理流动性必须重点关注的，以此来避免表内表外业务的相互交融引发的流动性危机，进而影响银行体系的稳定性（余永华，2012）。

根据大数定律，在有稳定存款来源的情况下，少量的存款准备金就能够满足银行的日常取款需求，剩余的短期资金就可以贷给长期借款人，就是所谓的“短借长投”。银行的主要资金来源包括存款负债、非存款负债、自有资金三大部分，而非存款负债和资本金的总资产占比相对较低，稳定的存款负债是银行正常运营的首要资金来源。各类贷款是银行的主要资产，而银行的绝大部分资产都是无法随时收回的各类型贷款。通常情况下，贷款的变现能力较差，但又要满足存款者的取款需求，这样就存在较高流动性的负债与较低流动性的资产之间的转换，容易产生期限错配问题导致的金融脆弱性结构和存款挤出效应。如果突发的取款需求超出日常的存款准备金时，就极有可能陷入银行支付危机，当大量的违约贷款、呆账坏账出现时，甚至有可能造成银行倒闭。

商业银行的主要业务是贷款业务和存款业务，借款能给银行产生利息收入，存款则要支付利息费用。商业银行本质上就是期限转换，即长期贷款资产依赖于短期负债融资，比如，银行以消费者贷款的形式贷给客户期限是25年的现金资产，而这些资产是来源于较短期限的存款负债，而不是来源于期限为25年的现金借款融资（休亨瑞，2012）。银行是资金需求者与资金供给者之间的中介，对于商业银行来说，如果不考虑其资产规模、战略或方法，银行都应该依据资产负债管理和流动性管理的原则来进行经营管理。对于银行而言，资产负债期限错配会产生流动性风险，但是，“短借长投”是银行普遍存在的问题，即借入大量短期借款或负债用以支持长期盈利性贷款或资产，而期限不匹配就会产生流动性缺口，流动性缺口可以通过其他负债或主动负债来填补，若流动性缺口较大时，其面临的流动性风险就有可能演变成银行危机。而银行资产负债期限错配产生的流动性风险源于对银行资产负债业务管理不善，及时有效的流动性风险信息披露则有利于银行关注自身资产负债期限的合理匹配，避免发生流动性危机。

投资者的储蓄存款构成银行资产负债表的负债，银行将资金借给资金需求者，构成银行资产负债表的资产。如果银行资产负债具有充足的流动性，将很容易同时满足投资者和贷款者的需要，因为它能够及时获取流动性去满足投资者的需求，与此同时，也能创建长期资产以满足借款人的需要。而在日常运营管理过程中，银行面临着两大风险：一是大量的投资者同时决定收回其资金，即银行挤兑；二是大量的借款人破产，不能偿还其所借款项。作为金融中介，银行通过足够大的资产和负债基础分摊和融合了风险，也减少了自身所面临的两大风险。

基于此，商业银行资产负债管理理论对于流动性风险的预防与管理起着决定性作用，平衡资产负债结构，保持银行资产负债表的流动性充足，流动性风险监管到位。而及时有效的流动性风险信息披露结合资产负债管理理论，有利于投资者、债权人和存款者等外部利益相关者了解银行的风险概况，规避流动性风险，而不是发生挤兑时束手无策。

3.2 商业银行流动性风险信息披露的机理分析

3.2.1 金融中介理论

金融中介理论突破了交易成本和信息不对称理论的范式约束，更加强调风险管理、投入成本和价值增加的影响，即在金融资产转换的过程中，金融中介是从存款者处获得资金并将其借给需要资金进行投资的企业，为存款者和投资者提供了经济增加值。在任何一家银行的经营管理中，风险管理都处于核心地位，金融中介的作用与其在以下两方面的优势密切相关：一是能够评估与度量潜在客户的风险；二是能够构建高度分散化的资产组合。商业银行具有独特的流动性转换功能，金融中介理论的观点认为，银行具有强大的流动性转换功能，即高流动性的资产为低流动性的负债进行融资，这种情况下极易遭受流动性危机和银行挤兑现象的发生（Diamond，1984）。

金融中介理论提供了资本和流动性相互关联的各种渠道，通过银行资产负债表头寸可以监测银行监管资本和流动性之间的关系。当银行面临《巴塞尔协议Ⅲ》要求的较高流动性，或者创造更多的流动性时，银行会降低其监管资本比率（Berger & Bouwman，2009）。流动性转换是银行传统上的主要功能，但也是其脆弱性的重要来源。一方面，银行资本通过两种不同的效应阻碍其流动性创造，即金融脆弱性结构和存款挤出效应；另一方面，较高的资本充足率可以提高银行创造流动性的能力，因为其吸收风险的能力更强（Bhattacharya & Thakor，1993；Repullo，2004；Von Repullo，2004）。银行通过风险加权资本比率的最低要求遵守资本监管标准，大多数银行持有的资本额超过了监管规定的最低限额，建立了一定程度的资本缓冲（Lindquist，2004；Jokipii & Milne，2008；Ayuso et al.，2004）。银行流动性在分析银行监管资本缓冲的作用，以及银行监管资本比率与流动性之间的关系中发挥着重要作用，而不是仅仅考虑流动性的决定因素，也就是说，当银行面临较高的流动性时，考虑银行是否维持或者加强其监管资本比率。在这种情况下，银行应该加强其偿债能力，以抵销流动性限制，同时提高其筹集外部资金的能力，在《巴塞尔协议Ⅲ》监管框架下实施新的流动性监管标准，避免产生流动性风险，防止银行支付危机的发生。

银行资本和银行流动性之间的相互关系是金融中介理论重点要强调的，即当银行面临更高的流动性不足时，是否会维持或者加强其资本充足率监管。假设银行加强偿付能力标准以弥补其流动性约束，提高其筹集外部资金的能力。此外，银行可能会提高资本标准，通过出售非流动性资产来偿还其所要求的负债进而更好地估计损失。如若面临较高的“非流动性资产—流动性资产”转换需求时，银行不能调整或者提高其资本标准，将会引发银行的系统性风险。伯杰和鲍曼（Berger & Bouwman，2009）在其

 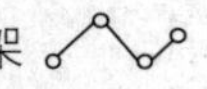

著作中提出两种假说大致讨论了这种相互关系的理论框架，即“金融脆弱性结构—存款挤出效应”以及“风险吸收假说”假说，以下将分别介绍这两种假说对银行流动性风险信息披露的影响效应。

3.2.2 金融脆弱性结构—存款挤出效应

20世纪80年代初，开始了对于金融脆弱性（financial fragility）概念的讨论，但其相关的理论研究可以追溯到凯恩斯（Caines）和费雪（Fisher），甚至是早年金融机构刚刚成立的时候。对于金融脆弱性国内外学者的研究包括下述两方面：一是研究导致金融脆弱性的原因，也就是回答“为什么”的问题；二是研究如何化解与预防金融脆弱性，也就是回答“怎么办”的问题。对于商业银行来说，信贷资金使用与资金偿还在时间上的不一致是导致金融脆弱性的根源所在，而信息经济学将金融脆弱性的根源概括为信息不对称，这也正是本书重点研究的问题，即银行流动性风险信息披露与金融脆弱性之间的关系。

究其金融脆弱性的原因可以从下三个方面进行解释。一是信息不对称引发的金融脆弱性，包括金融机构与贷款者之间、金融机构与存款者之间的信息不对称等。二是资产价格波动导致的金融市场脆弱性。比如，汇率的波动、股市的无规律性波动以及不完全有效的市场等。三是金融自由化导致的，包括金融创新、利率自由化、混业经营以及资本自由流动所引发的金融脆弱性。金融创新是从本质上改变金融市场格局，促进全球金融市场配置效率的有效提升，以此应对利率波动、汇率波动、金融风险等，而金融衍生品的出现有可能是金融创新的直接结果。原本金融衍生品是为化解与规避金融风险而产生的，但是，金融衍生产品的高杠杆率却极有可能带给金融机构更大的冲击和风险（李骁，2016），金融理财业务本来是金融创新的产物，但却成为造成金融脆弱性的重大原因。

金融脆弱性理论是由于金融国际化、金融自由化、金融危机频频爆发所引发的对于金融危机内在因素的思考。金融行业的高负债性经营特征使其更容易受到实体经济波动的影响，进而产生种种不良后果，有时亦被称为“金融内存脆弱性”，是金融行业与生俱来的特征。本书对于金融脆弱性结构的理解可以通过以下过程进行描述：银行从存款人处吸收资金，将其贷给借款人，为了监管借款人，银行将获取其个人信息，在评估借款人盈利能力方面具有一定的信息优势。然而，这种信息优势会产生代理问题，银行可能会为了获取更大份额的贷款收入而榨取存款人的利息，如果存款人拒绝支付更高的成本，银行将扣压监管或者贷款收集事项，由于存款人知道银行会滥用其对银行的信任而不愿意把钱存在银行，银行必须通过持有大量的流动性存款来赢得存款人的信心。金融脆弱性结构有利于流动性创造，但是，银行资本充足率高就必然会挤出存款，从而降低银行资产负债结构的流动性（Diamond & Rajan，2000；2001）。戴蒙德（2001）在银行资本金理论中进一步阐述了银行资本金在为存款人和投资者同时提供流动性时具有的重要作用，并且分析了银行最优资本金比率来自对银行收益和成本的权衡。一些学者认为银行的两种核心业务，即吸收存款和发放贷款的经营行为产生了协同效应，是银行提供流动性功能的两个不同方面，而银行表外业务的快速发展，如贷款承诺以及信用额度的设置等，同时也可以为公众提供流动性，缓解银行产生挤兑危机的压力（Kashyap Rajian & Stein，1999）。明斯基（Minsky，1982）提出的“金融脆弱性假说”则使金融体系的脆弱性引起广泛关注，研究认为，银行在利润最大化目标驱使下增加风险性业务，以及信用创造机制和借款人之间的相互关联等原因导致了金融体系具有内在的脆弱性。因此，对银行经营管理行为进行及时的风险监控（梁枫，2017）和风险信息披露是非常必要的，随着金融监管部门对银行流动性风险的日益重视，商业银行流动性风险信息披露逐渐成为金融监管理论的重要研究内容。

综上所述，商业银行的流动性风险信息披露刚开始可能会因为金融脆弱性结构的影响而使得银行绩效下降，因为银行风险信息的披露会直接影响公众的信心，而导致存款额减少，从而使得银行收益下降。但是，当披露机制成熟后，银行流动性风险信息披露有利于投资者、债权人以及存款者等利益相关者及时充分地了解银行的经营管理情况和风险状况，做出合理决策，反而会使得银行绩效随之上升。也就是说，从长远来看，金融脆

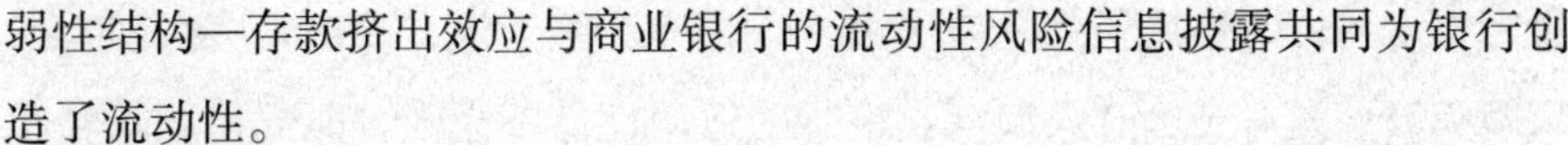

弱性结构—存款挤出效应与商业银行的流动性风险信息披露共同为银行创造了流动性。

3.2.3 风险吸收假说

根据风险吸收假说，银行持有较高的资本会提高其吸收风险的能力，进而有利于创造流动性（Berger & Bouwman，2009）。然而，流动性创造又暴露出银行潜在的风险，客户的取款需求如若大部分使用银行的非流动性资产来得以满足，无疑又增加了银行发生流动性风险的可能性（Allen & Gale，2004）。事实上，银行创造的流动性越多，暴露在无法满足客户意外取款需求的风险就越大，因此，银行必须遵守风险加权资本充足率的最低资本要求。风险吸收假说认为，银行资本与银行创造的流动性呈现出正相关关系。一方面，银行持有的资本水平越高，吸收风险的能力就越强，从而能够使得银行创造出更多的流动性（Bhattacharya & Thakor，1993；Von Thadden，2004；Coval & Thakor，2005）；另一方面，银行创造的流动性越多，银行的资产变现能力就越强，就越能够满足存款者的取款需求，同时，由于其拥有较高的流动性，从而能够增强其吸收贷款的能力。但是，如果发生进一步的挤兑现象，将会使其陷入支付危机，进而面临倒闭的风险（Allen & Santomero，1998；Allen & Gale，2004）。此时，风险吸收假说认为，相应地提高银行的资本持有水平，是保证其正常运营的前提和资金保障。针对这一研究内容，有学者根据2007～2011年在我国境内经营的151家商业银行数据，研究发现，国有商业银行的“风险吸收效应”较之区域性商业银行更加显著，而区域性银行和外资银行的“金融脆弱性结构—存款挤出效应”较之国有商业银行更加显著（周爱民、陈远，2013）。

另外，风险吸收假说认为，银行资本能够吸收风险，使其风险承担能力有所提升，在市场监督的投资环境下，需要银行持有较多的资本，银行才能创造更多的流动性。但是，我国的大型国有商业银行由于国家隐性信用的担保，使得投资者和存款人对其监管约束效力相对较弱，社会公众无法对其进行监督约束，并且普遍存在于我国商业银行的信贷扩张中，使得银行资本约束的作用很难发挥作用（徐明东、陈学彬，2012）。由此可见，风险吸收假说对于国有大型商业银行的适用性并不太强，而规模相对较小的股份制商业银行、城市和农村商业银行，由于在我国银行体系中并没有处于系统重要性地位，其资本约束能力相对较弱，进而也不符合风险吸收假说的前提（孙莎、李明辉等，2014）。

综上所述，风险吸收假说有利于银行创造流动性，因此，作为金融中介理论中风险吸收假说的实际应用，充分有效的流动性风险信息披露能够使投资者、债权人和存款者及时关注银行的风险状况，起到提前预知银行流动性风险发生的可能性，避免产生银行危机的作用。

3.3 理论分析框架

从商业银行流动性风险的形成机理来看，流动性风险产生的主要原因是源自于资产负债管理理论的资产与负债之间的期限错配。从金融中介理论的角度来说，将流动性强的负债转换为流动性差的资产的过程是商业银行作为金融中介的主要作用与功能，而维持这种流动性转换的金融脆弱性结构又是产生流动性风险的重要根源。从经济学理论来看，信息不对称理论是产生流动性风险的深层次根本原因，博弈论事实上是在信息不对称理论作用下，与金融脆弱性结构共同构成了流动性风险产生的理论来源。资产负债管理理论与风险吸收假说作用于流动性风险管理，管制市场理论是流动性风险信息披露的理论依据之一，而流动性风险信息披露与监管的主要目的就是为了有效避免银行流动性风险的产生所采取的手段与措施。与此同时，信息不对称理论与博弈论又作用于金融脆弱性结构，产生存款挤出效应。因此，商业银行流动性风险产生的原因是复杂多样的，包含了资产负债管理理论、金融中介理论等金融理论，同时也包含了信息不对称理论与博弈论等经济学理论。

商业银行是典型的资产负债不对称行业，需要借助市场的力量即市场约束和有效的监管手段来降低其金融风险。信息披露是减少信息不对称的手段之一，而从经济学范畴来看，管制市场理论与信息不对称理论最能体现银行流动性风险信息披露的意义和价值所在。针对流动性风险的成因，商业银行在进行流动性风险管理时，一方面通过银行资产负债结构的合理匹配，降低融资成本，控制银行流动性风险；另一方面通过合理有效地提高银行的资本水平也能有效地提高银行抵御和吸收风险的能力。而以上方式也是资产负债管理理论和金融中介理论中风险吸收假说的实际应用。

基于上述理论分析，结合银行流动性风险信息披露、流动性风险监管与流动性风险管理三者之间的相互融合，促使银行高级管理层在日常经营管理中充分审视银行自身的流动性风险管理，避免产生流动性危机的挤兑现象。通过流动性风险信息披露的形式和流动性风险监管的手段来看流动性风险控制的效果，最终是要明确流动性风险的传导机制，控制银行流动性风险和挤兑行为的发生。本书的理论分析框架如图3-3所示。

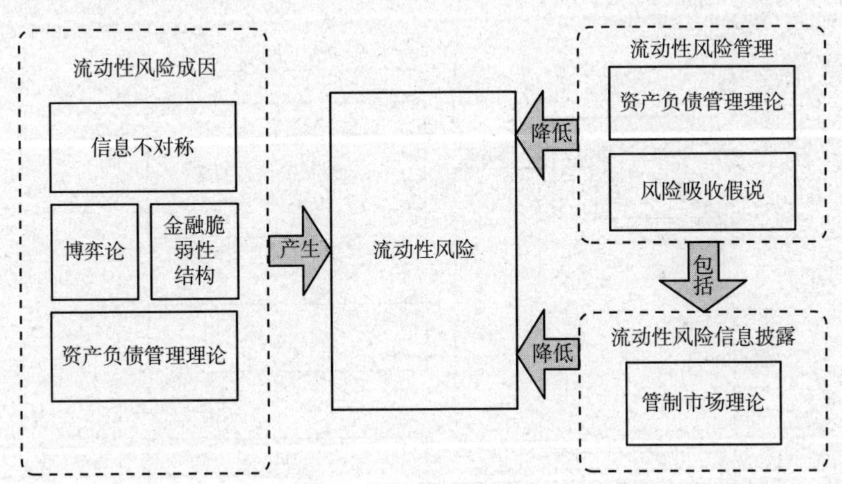

图3-3 理论分析框架

3.4 实证研究思路

根据本书的研究问题和理论分析，实证研究框架如图3-4所示，具体内容由本书的第4章、第5章、第6章构成，主要包括以下两方面的检验。

第一部分，定性与定量流动性风险信息披露水平对银行绩效影响研究的实证检验，并且深入探讨了国有上市商业银行与股份制上市商业银行流动性风险信息披露水平的差异性，具体内容由第5章构成。第二部分，实施《巴塞尔协议Ⅲ》净稳定资金比率对我国商业银行绩效影响研究的实证检验，通过对比分析《巴塞尔协议Ⅲ》实施前衡量商业银行流动性的重要监管指标贷款与核心存款比率与实施《巴塞尔协议Ⅲ》后强制要求披露的流动性监管指标净稳定资金比率，研究实施《巴塞尔协议Ⅲ》监管要求对我国商业银行基本面的影响，是否会引起银行资产负债结构的变化以及银行绩效的变化趋势，从而进一步分析实施《巴塞尔协议Ⅲ》的可操作性，具体内容由第6章构成。第4章构建的流动性风险信息披露指数（IND）与局部调整模型（partial adjustment model）为第5章和第6章的实证分析详细定义了核心解释变量的构成来源与估算原理，对第5章、第6章的实证检验与分析进行了铺垫。

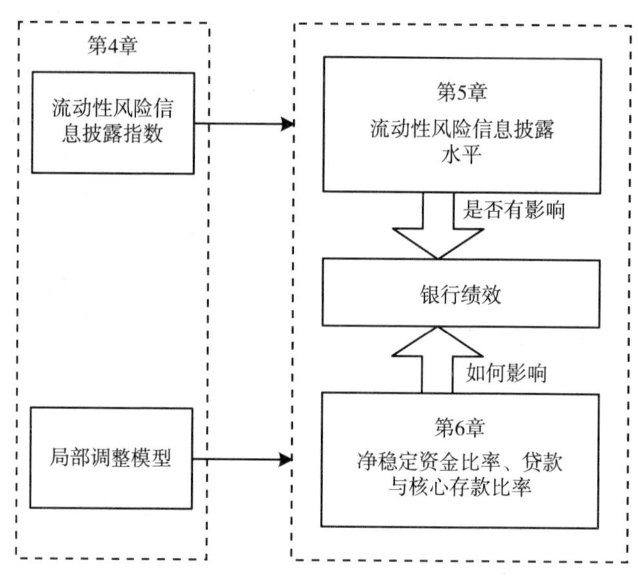

图3-4　实证研究思路

本书通过第5章的模型来验证流动性风险信息披露对银行绩效是否产生影响，为了验证流动性风险信息披露是如何影响银行绩效的，构建了第6章的模型，选取了两个流动性风险监管指标进行验证，分别是贷款与核心存款比率与净稳定资金比率，之所以选取这两个指标，是基于以下三点原因。(1) 贷款与核心存款比率和净稳定资金比率与第 5 章模型中定量披露指标中的资产流动性指标与负债流动性指标有着密切的相关性。(2) 净稳定资金比率是我国在实施《巴塞尔协议Ⅲ》后监管机构强制要求披露的流动性监管指标。(3) 贷款与核心存款比率与净稳定资金比率在概念构成与机理上有一定的相似性，对验证结果有一定的相互佐证效果。

第4章

流动性风险信息披露指数和局部调整模型的构建

本章通过构建流动性风险信息披露指数（*IND*），从定性与定量两方面反映银行的流动性风险信息批露水平以及流动性风险的总体披露情况，并且进一步研究银行流动性风险信息披露水平的高低与银行绩效之间的关系，使得银行财务绩效达到最优值。通过构建局部调整模型（partial adjustment model）来估算衡量银行流动性风险监管水平的目标比率以及实际比率向目标比率的调整速度，进而分析其调整速度与银行绩效之间的关系。当银行资产负债表的流动性风险状况偏离其目标值时，需要及时调整银行资产负债结构，重新建立所需的流动性水平，以避免银行流动性危机的发生。流动性风险信息披露指数和局部调整模型的构建为后续章节实证检验定性与定量流动性风险信息披露对银行绩效的影响效应，以及实施《巴塞尔协议Ⅲ》净稳定资金比率对银行资产负债结构与银行绩效的影响研究做出了铺垫。

4.1 银行流动性风险信息披露指数的构建

4.1.1 流动性风险信息披露指数的构建

银行流动性包括微观银行的流动性和银行体系的流动性。微观银行

 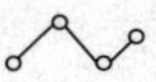

的流动性主要是指银行的支付能力，包括供存款人支取的现金、需到期支付的债务、满足贷款人贷款需求的资金；而商业银行在中央银行的超额存款准备金和银行库存现金构成了银行体系的流动性。另外，由于商业银行对于资产衍生工具和表外业务信息披露透明度的缺乏，以及银行业务（如资产证券化和金融衍生产品）和信息披露相互交融，使得银行更容易产生流动性危机，进而影响银行绩效及其稳定性。本书主要分析商业银行资产负债表内定性与定量流动性风险信息披露对银行绩效的影响，并且借鉴佩里汉·艾伦（Perihan Iren，2010）所使用的披露指数，构建了本书的流动性风险信息披露指数，以此来衡量商业银行的流动性风险信息披露水平。

银行的流动性风险信息披露指数包括定性披露指标与定量披露指标两大类。其中，衡量银行流性风险信息披露水平的定性指标为：流动性风险管控概述（0～1）、流动性风险管理描述（0～1）以及流动性风险指标的总体披露情况（0～1），分别对上述每一项定性流动性风险披露的详尽程度进行打分，单项得分均在0～1之间，总分即为银行定性披露指标的得分（0～3）。衡量银行流动性风险信息披露水平的定量指标是通过流动性指标法使用银行资产负债表内相关数据计算出的流动性指标，包含5项资产流动性指标和4项负债流动性指标，分别对其进行打分，每项指标得分在0～1之间，总分即为银行定量披露指标的得分（0～9）。上述定性披露指标与定量披露指标共同构成银行的流动性风险信息披露指数（0～12），本书用流动性风险信息披露指数来衡量商业银行流动性风险信息披露水平的详细情况（见表4－1）。

表4－1　　　　流动性风险信息披露指数的构建

流动性风险信息披露指数	披露内容	得分
定性指标	流动性风险管理描述	0～1
	流动性风险管控概述	0～1
	流动性风险指标披露	0～1

续表

流动性风险信息披露指数	披露内容	得分
定量指标	资产流动性指标（0~5）	现金状况比率（0~1）
		流动性证券比率（0~1）
		净同业拆借比率（0~1）
		净贷款与租赁资产比率（0~1）
		抵押证券比率（0~1）
	资产流动性指标（0~4）	货币资产负债比率（0~1）
		短期资产比率（0~1）
		核心存款比率（0~1）
		存款结构比率（0~1）

通过对5家国有商业银行和12家股份制商业银行①的财务报表年报进行模糊搜索，根据表4-1所列示的各项指标为17家商业银行的流动性风险披露状况分别进行打分与汇总，得出各家商业银行的流动性风险信息披露指数，作为本书第5章的核心解释变量。其中，定性披露指标包含3项内容：流动性风险管理描述主要指年报中的“流动性风险披露项目”，对于流动性风险管理描述的详尽程度进行打分，得分在0~1之间；流动性风险管控概述是通过该家银行是否有流动性风险治理架构、流动性风险政策和程序以及流动性风险识别、计量、监测和控制手段等方面，来判断该银行的流动性风险管控概况；流动性风险指标的总体披露情况，主要是指该银行能否按照财务报表要求正常披露其流动性风险的各项指标，包括流动性风险定性描述与各项流动性风险比率的披露。定量披露指标是通过流动性指标法，用银行资产负债表内相关数据计算出流动性指标（主要分为资产流动性指标和负债流动性指标，本书对银行5项资产流动性指标（0~5）和4项负债流动性指标（0~4）的披露情况分别打分，每项指标得分在0~1之间），作为衡量银行流动性风险信息披露水平的定量指标。上述定性与定量流动性指标构成流动性风险信息披露指数（0~12），用流动性

① 本书的国有商业银行是指资产规模超过5万亿元的大型商业银行，股份制商业银行是指资产规模在1万亿~5万亿元的中型商业银行。

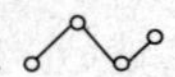

风险信息披露指数来衡量商业银行流动性风险信息披露水平的详细情况。表 4－2 是定量流动性指标的计算方式。

表 4－2　　　　定量流动性指标的计算方式

定量流动性指标	计算公式
资产流动性指标	现金状况比率＝现金项目/总资产
	流动性证券比率＝银行持有一年以内的政府债券总额/总资产
	净同业拆借比率＝(资金同业拆出－资金同业借入)/总资产
	净贷款与租赁资产比率＝(净贷款＋租赁资产)/总资产 净贷款与租赁资产比率是流动性的反向指标，该指标越高表明银行的流动性越差
	抵押证券比率＝抵押证券/证券总额
负债流动性指标	货币资产负债比率＝货币市场资产/货币市场负债 其中，货币市场资产＝现金＋短期政府债券＋存放央行超级准备金＋央行短期票据＋逆回购协议；货币市场负债＝大额存单＋央行超额准备金借入＋回购协议
	短期资产比率＝短期资产/利率敏感性负债
	核心存款比率＝核心存款/总资产
	存款结构比率＝活期存款/定期存款

4.1.2　银行绩效的衡量

本书衡量银行绩效的变量参考赫特尔（Hirtle，2007）的做法，采用资产收益率（ROA）和净资产收益率（ROE）两项指标。资产收益率是净利润与总资产之比，该指标越大，表明银行资产的盈利水平越高。但是，由于商业银行是特殊的金融企业，其资产利润率相对较低，一般在 2% 以下。资本收益率，是净利润与总资本之比，通常来讲，银行是负债经营，自有资本较少，资本收益率反映了银行资本的盈利能力。ROA 和 ROE 反映了银行的盈利总规模，但无法反映银行的潜在盈利能力，因此，还需在此基础上进一步把握银行盈利的持久性和增长性。

虽然流动性风险信息披露并不能直接影响银行财务绩效，但会对银行绩效产生间接的影响，比如市场意识到信息透明的银行在筹集资本时需要较低的成本，如果风险性更高，最终会影响到银行的财务绩效。影响银行绩效的因素有很多，本书的做法是将其他影响银行绩效的因素作为控制变量，进而研究流动性风险信息披露水平对银行绩效产生的影响效应。本书的研究假设是基于现行的会计制度，通过查看公开财务数据披露的定性与定量流动性风险信息就能有效影响银行绩效，保证数据获取的可靠性与真实性。然而，已有文献证明现有的会计制度是混合制，投资的账面公允价值和银行账面摊销成本会产生不同的价值，并且国际货币基金组织（international monetary fund，IMF）（2008）也表明，混合制和全面的公允价值体系对银行绩效的波动会产生不同的影响。因此，本书的分析结果应根据现行会计制度进行评估。

通过公布有关修订银行贷款损失准备和预计贷款损失来衡量定性流动性风险信息披露对市场的反应，预测盈利能力和贷款损失等方面的修订可能反映外部因素（如利率波动和经济状况的变化）的影响。银行可能会有短期的激励措施来维持不足的贷款损失准备金。根据巩特尔和穆尔（Gunther & Moore，2003）的风险资本要求，允许银行仅以二级资本计算贷款和租赁损失的准备金，并且仅计算风险加权资产的1.25%。通过不限制准备金限额，使得资产质量有问题的银行可以提高披露净收入和留存收益的比例，从而产生一级资本，避免监管机构对陷入困境的银行进行限制。因此，公开财务报告中银行贷款损失准备的修订可能反映了银行披露的数据质量，盈利预测的修订也可能反映经济状况的变化。此外，美国证券交易委员会（the U. S. Securities and Exchange Commission，SEC）对银行未能按实际情况披露的调查可能是向公众披露的数据质量的一个标志。

4.2 银行流动性风险信息披露动态指标的构建

4.2.1 局部调整模型的构建

本书借鉴伯杰等（Berger et al.，2008）的研究，通过构建贷款与核心存款比率（*LTCD*），以及净稳定资金比率（*NSFR*）的局部调整模型来模拟并验证银行是如何通过贷款与核心存款比率和净稳定资金比率进行动态的流动性风险监管的。并且利用局部调整模型来估算银行进行流动性监管的四个要素：(1) 银行在每个时间周期内的贷款与核心存款比率和净稳定资金比率的目标比率；(2) 银行目标比率的决定因素；(3) 银行贷款与核心存款比率和净稳定资金比率的实际值向目标比率的调整速度；(4) 贷款与核心存款比率和净稳定资金比率的调整速度的决定因素。

假设银行在实际的流动性风险管理中都有各自的贷款与核心存款比率和净稳定资金比率的目标比率，本节的局部调整模型推导过程是以贷款与核心存款比率为例，净稳定资金比率的目标比率和调整速度的估算及局部调整模型推导过程与贷款与核心存款比率类似，只需将下述推导公式中的贷款与核心存款比率替换成净稳定资金比率即可。

假设银行的目标比率是 $LTCD_{i,t}^{*}$，表示 i 银行在第 t 期末的贷款与核心存款比率的目标比率，当银行贷款与核心存款比率的实际值保持在目标比率时是最优的，但由于贷款与核心存款比率的目标比率的不可观测性，大量的经验表明，银行的总资产规模、银行的资本化程度、银行的成长性在很大程度上会影响银行的贷款与核心存款比率的目标比率。因此，本书根据这些影响因素对银行贷款与核心存款比率的实际值进行回归估计后的拟合值作为银行的贷款与核心存款的目标比率，即：

$$LTCD_{i,t}^{*} = \beta X_{i,t-1} \tag{4.1}$$

其中，$X_{i,t-1}$是确定其目标比率的银行特征向量，包括银行总资产规模、资本化程度、成长性等；β 是估计系数向量。需要指出的是，当估计值 $\beta = 0$ 时意味着以下两种情况的出现：(1) 银行没有明确的贷款与核心存款比率的目标值；(2) 目标比率的决定因素 X 选取错误。

式 (4.1) 确定了如何根据目标比率的决定因素来估算目标比率，在理想状态下，银行 i 在 t 时期贷款与核心存款比率的实际值（$LTCD_{i,t}$）应该等于目标值 $LTCD_{i,t}^{*}$，即 $LTCD_{i,t} = LTCD_{i,t}^{*}$，然而，银行在实际经营过程中，常常因为各种原因导致其偏离自身的目标值，比如由于外部因素可能会使存款流入其他获取更高收益或者更加安全的银行或金融机构、贷款需求可能会随着地方经济条件的变化以及竞争对手的变化而增加或减少、进行大规模收购可能会迫使银行资产负债结构发生变化。根据上述情况，银行要重新达到预期的流动性目标就需要进行有效的调整，即：

$$LTCD_{i,t} - LTCD_{i,t-1} = \lambda(LTCD_{i,t}^{*} - LTCD_{i,t-1}) + \tilde{\delta}_{i,t} \tag{4.2}$$

其中，λ 表示在 $t-1$ 到 t 之间银行 i 的贷款与核心存款比率的实际值向目标比率的调整速度，δ 是随机误差项。若 $\lambda=1$，则表示银行可以在一个期间内完成全部调整，即不存在调整成本；若 $\lambda=0$，则表示调整的成本大于因调整而获得的整体收益，若银行不进行任何调整，其贷款与核心存款比率将保持在前一个时间周期的流动性水平上；若 $0<|\lambda|<1$，λ 表示银行存在主动的基于资产负债表流动性的管理，其中，$\lambda>0$ 表示调整方向与目标方向相同，$\lambda<0$ 则表示调整方向与目标方向相反。将式（4.1）代入式（4.2）即得：

$$LTCD_{i,t} - LTCD_{i,t-1} = \lambda(\beta X_{i,t-1} - LTCD_{i,t-1}) + \tilde{\delta}_{i,t} \tag{4.3}$$

一般情况下，无法从非线性方程直接估计参数 β 和 λ，需通过重新排列等式来简化估计式（4.3）：

$$LTCD_{i,t} = \lambda\beta X_{i,t-1} + (1-\lambda)LTCD_{i,t-1} + \tilde{\delta}_{i,t} \tag{4.4}$$

直接将估计的参数$\widehat{1-\lambda}$恢复到 $\hat{\lambda}$，随后通过 $\lambda\beta$ 除以 λ 来恢复 β。

式（4.4）中，调节速度 λ 被限定为在每个时间段内对于每家银行都是相同的，并且银行根据其特征及盈利能力，以不同的速度调整目标比率。并且调整速度根据当时的经济条件、技术条件、竞争环境和时间而变化。通过指定 λ 来放宽约束条件，如式（4.5）所示：

$$\lambda_{i,t} = \Lambda Z_{i,t} \tag{4.5}$$

其中，$\lambda_{i,t}$是朝向目标比率的特定于银行的随时间而变化的调整速度。$Z_{i,t-1}$是影响调整速度的银行和时间周期特性的向量。Λ 是要估计的系数向量。将式（4.5）代入式（4.3）即得到完整的模型：

$$LTCD_{i,t} - LTCD_{i,t-1} = \Lambda Z_{i,t-1}(\beta X_{i,t-1} - LTCD_{i,t}) + \tilde{\delta}_{i,t} \tag{4.6}$$

为了估计这个非线性方程，我们在方程式中用 $\hat{\beta}$（前面估计得出的）来代替等式（4.6）中的β，并且重新排列，即得式（4.7）：

$$\Delta LTCD_{i,t} = \Lambda(Z_{i,t-1}GAP_{i,t-1}) + \tilde{\delta}_{i,t} \quad (4.7)$$

其中，为简便起见重新定义了三个术语。第一，（$LTCD_{i,t} - LTCD_{i,t-1}$）现在被写为$\Delta LTCD_{i,t}$，并且可从数据直接观察得到。第二，（$\hat{\beta}X_{i,t-1} - LTCD_{i,t}$）现在被写为 $s\ GAP_{i,t-1}$，它是银行贷款与核心存款比率的目标值与实际值之间的估计距离（$LTCD^*_{i,t} - LTCD_{i,t-1}$）。第三，外生回归的向量现在被写为乘积 $Z_{i,t-1}GAP_{i,t-1}$。现在参数 Λ 可以被直接估计出；一旦得出$\hat{\Lambda}$，我们就可以使用式（4.6）来计算银行特定时间的调整速度 $\lambda_{i,t}$。

4.2.2 核心解释变量的界定

传统的衡量银行资产负债流动性的监管指标贷款与核心存款比率和《巴塞尔协议Ⅲ》强制要求披露的流动性监管指标净稳定资金比率是本书第 6 章“《巴塞尔协议Ⅲ》净稳定资金比率对银行绩效的影响研究”的核心解释变量，本节先分别估算出贷款与核心存款比率和净稳定资金比率，为下述章节的实证检验与分析做出铺垫。

1. 贷款与核心存款比率的估算原理

贷款与核心存款比率用来衡量银行资产负债表的流动性，其中的核心存款分为稳定存款和波动存款。计量经济学分析时间序列变量长期趋势的方法有自回归滑动平均模型（ARMA）、指数平滑法和 HP 滤波法等，其中，HP 滤波法由于计算便捷，是较为常用的分析时间序列长期趋势的方法。因此，本书拟使用 HP 滤波法来估算商业银行的核心存款。

（1）核心存款的概念。核心存款（core deposits）称为流动性存款或无到期日存款，是储户持有的对市场利率变动敏感性差，并且能够随时支取的资金头寸。核心存款通常包括个人活期存款、企业活期存款、储蓄存款、货币市场存款以及可转让命令账户，而我国商业银行核心存款主要由企业活期存款和居民活期储蓄存款组成。一般情况下，核心存款客户对利率波动不太敏感，即利率弹性较低，所面临的利率风险较小。

核心存款也可以参考桑德斯和科尼特（Saunders & Cornett，2011）将其定义为金融机构长期资金来源的存款，是银行存款总额减去波动存款（volatile deposits），具有成本低、长期稳定以及较强的市场风险抵抗能力等特性，核心存款与波动存款的关系如图4－1所示。在商业银行的实际操作中，核心存款是指对于利率敏感性较低的那部分沉淀下来的存款，包括交易账户中持有的余额和定期存款，但不包括大额存单和代理存款。

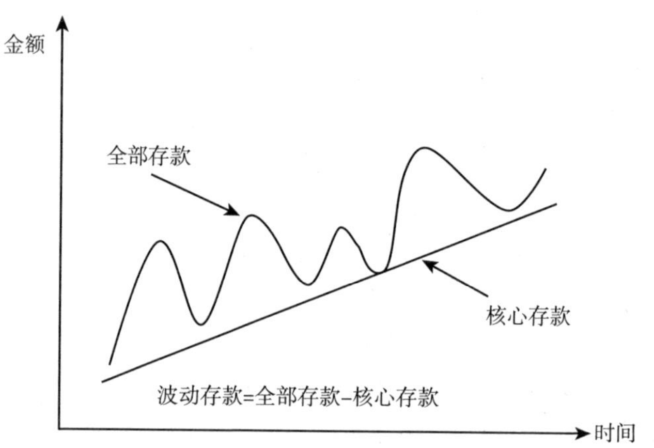

图4－1　核心存款与波动存款的关系

（2）核心存款的作用。核心存款有助于银行资产负债表的流动性管理，能够提供较低的流动性成本，使得银行持有较高收益的长期资产而不会导致利率风险。短期来看，核心存款的随时支取特性会产生一定的波动性，但是，长期来看，核心存款的平均余额还是具有一定程度的稳定性。

核心存款分为稳定存款和波动存款，将存款分为稳定余额和不稳定余额，核心存款被设定为永久余额，银行根据一定时期内全部余额的变动情况设定核心存款的数量，超过核心余额的部分可以看作是短期债务。HP滤波法是较为常用的分析时间序列长期趋势的方法，计算相对便捷，易于操作，本书使用HP滤波法来估算商业银行的核心存款。从历史经验来看，这种方法比较贴近银行的现实情况。

（3）HP滤波法的计算原理。HP滤波法的计算原理如下：yt 表示可观测的时间序列，*HP* 滤波将 yt 分解为长期趋势成分 gt 和短期波动成分 ct，即：

$$yt = gt + ct \tag{4.8}$$

其中，gt 和 ct 均为不可观测值。

HP 滤波法采用在时间序列的观测值和所对应的长期直线趋势之间赋予不同的权重来估算 gt。赋予观测值的权重为 1，长期直线趋势的权重为 λ，当 $\lambda=0$ 时，$gt=yt$，随着 λ 的增大，将更多的权重赋予长期直线趋势。当 λ 趋向于无穷大时，gt 趋向于对 yt 进行普通最小二乘法得到的长期直线趋势。λ 的最优值取决于 ct 的变动情况及 gt 的二阶差分。

HP 滤波法通过对以下函数式求最小值，将观测值分解为短期波动成分和长期趋势成分：

对式（4.8）中的 $g1$，…，gt 进行一阶求导，并令其导数为 0，结果用矩阵形式表示为：

$$C^{u} = \lambda F g^{u} \tag{4.9}$$

其中，F 为 $T\times T$ 系数矩阵：

$$T_{T\times T} = \begin{bmatrix} 1 & -2 & 1 & 0 & \cdots & & & & 0 \\ -2 & 5 & 4 & 1 & 0 & \cdots & & & 0 \\ 1 & -4 & 6 & -4 & 1 & 0 & \cdots & & 0 \\ 0 & 1 & -4 & 6 & -4 & 1 & 0 & \cdots & 0 \\ \vdots & & & & & & & & \vdots \\ 0 & \cdots & 0 & 1 & -4 & 6 & -4 & 1 & 0 \\ 0 & & \cdots & 0 & 1 & -4 & 6 & -4 & 1 \\ 0 & & & \cdots & 0 & 1 & -4 & 5 & -2 \\ 0 & & & & \cdots & 0 & 1 & -2 & 1 \end{bmatrix} \tag{4.10}$$

通过式（4.8）和式（4.10）可以得到 $y-g^{u}=\lambda F g^{u}$，整理后得出：

$$g^{u} = (\lambda F + 1)^{-1} y$$

其中，g^{u} 为长期趋势的估计值。

需要注意的是，在上述 F 矩阵中，每一列数值之和均为 0。并且根据式（4.10）可知，短期波动之和为 0。

（4）核心存款稳定部分的估算。通过HP滤波法计算反映出的实际存款总额通常是围绕着长期趋势而波动，本书所要求的稳定部分是核心存款中长期稳定部分，波动存款在稳定存款之上浮动。因此，HP滤波法求出的长期趋势成分和短期波动成分并非是稳定存款和波动存款，稳定存款还需进一步计算，具体估算过程如下。

假设HP滤波法得到的短期波动成分ct服从正态分布，设定一个置信度$1-a$（$0<a<1$），即可求出ct的波动区间（$-C$，C）。稳定核心存款就是HP滤波法估算的长期趋势加上ct波动区间下限：

$$\text{稳定核心存款}=g_t^u+(-C)$$

根据本书定义，核心存款主要指企业活期存款和居民活期储蓄存款。由于中央银行规定商业银行按照法定准备金率上交法定准备金，即：

$$\text{可用核心存款}=\text{核心存款}\times(1-\text{法定准备金率})$$

核心存款客户的存款动机是多样的，或者说是异质性的。

流动性管理是商业银行日常经营管理的重要内容，借鉴西方商业银行普遍采用的流动性缺口模型，利用HP滤波法估算出存款变动的长期趋势，并在此基础上估算出核心存款，计算流动性缺口，用来衡量银行的流动性状况。

2. 净稳定资金比率的估算

净稳定资金比率是《巴塞尔协议Ⅲ》引入的强制要求披露的流动性监管指标，用来衡量银行资产负债的流动性，和传统的衡量银行流动性的监管指标贷款与核心存款比率在构成与理念上均具有相似性。

巴塞尔银行监管委员会（2014）将净稳定资金比率定义为：银行可用稳定资金（ASF）与所需稳定资金（RSF）的比率。其中，ASF是银行负债和资本（包括但不限于核心存款）的加权平均值，权重赋予更稳定的资金来源，如股本资本、次级债和核心存款等。RSF是银行资产（包括但不限于贷款）的加权平均值，权重赋予长期非流动性资产和不稳定资产，比如交易性证券、质押抵押品的资产、对子公司投资、商业贷款、消费者贷款及其他金融机构贷款。本书使用的ASF和RSF估算系数如表4－3所示。

表 4 - 3　　　　净稳定资金比率的估算系数

可用稳定资金 ASF（资金来源）		ASF 系数（%）
所有者权益	总股本	100
	优先股和混合资本占债务的比例	100
	优先股和混合资本占股权的比例	100
	非控制性权益	-100
负债	客户存款总额	90
	银行存款	0
	回购和现金抵押	50
	其他存款和短期借款	0
	总的长期资金	60
	养老储备金和其他	100
	其他负债和权益	0
所需稳定资金 RSF（资金运用）		**RSF 系数（%）**
贷款	住房按揭贷款	65
	其他抵押贷款	65
	企业和商业贷款	85
	其他消费和零售贷款	85
	其他贷款	100
其他	贷款及银行垫款	0
	证券总额	40
	所有权投资	100
	保险资产	100
	其他生息资产	100
	现金及银行到期存款	0
	其他非生息资产	100
表外资产	担保	5
	承兑汇票和表外报告的跟单信用证	5
	承诺信贷额度	5
	其他或有负债	5

资料来源：根据《巴塞尔协议Ⅲ：流动性风险计量标准和监测的国际框架》文件整理。

基于此，本章通过构建流动性风险信息披露指数来衡量银行的流动性风险信息披露水平，以及通过构建局部调整模型估算出贷款与核心存款比率和净稳定资金比率的目标比率、目标比率向实际比率的调整速度，为后续章节运用动态面板数据模型回归进行实证检验分析奠定了基础。

第5章

流动性风险信息披露水平对银行绩效的影响研究

5.1 引言

流动性风险的成因与表现形式较为复杂多样，通常当银行的信用风险、市场风险、操作风险、利率风险等积累到一定程度时会进一步诱发流动性风险，而流动性风险没有得到有效遏制时往往会引发银行间的系统性风险。彼得·S. 罗斯（Peter S. Rose）在《商业银行管理》中指出，“管理者必须保证银行有充足的流动性，如果流动性不足，即便还有一定的偿付能力，银行也可能倒闭”。全球经济经历了20世纪80年代的美国储贷协会（Saving and Loan Association）危机、1995年的英国巴林银行（Barings Bank）倒闭、1997年东南亚金融风暴以及2007年美国次级抵押贷款危机等一系列金融危机。危机过后，人们充分意识到流动性风险越来越成为银行业风险监管的核心问题，为此，2010年12月巴塞尔银行监管委员会在《巴塞尔资本协议Ⅲ：流动性风险计量标准和监测的国际框架》中提出两个流动性监管指标：应对银行短期流动性的流动性覆盖比率以及应对中长期流动性的净稳定资金比率，将银行流动性监管的重要性提升到与资本监管同等重要的位置。由此看来，流动性风险监管指标的定期披露将是国际金融监管重点强调并要求全球银行系统强制执行的必然趋势，并且认为及时有效的流动性风险信息披露会使投资者、债权人及公众充分了解银行的经营管理情况及内部风险控制，缓解银行发生流动性危机的压力，有利于外部利益相关者更好地做出合理决策。

由此可知，流动性风险信息披露作为银行流动性风险监管的重要市场约束形式值得深入研究。但是，通过对现有文献的收集，我们发现国内外的研究较多地集中于银行信息披露、银行风险信息披露以及银行流动性风险管理等方面，而关于商业银行流动性风险信息披露的研究却鲜见于文献。因此，本书试图基于银行绩效视角对商业银行的流动性风险信息披露水平做出定性与定量分析，通过流动性风险信息披露后的市场反应以及对银行绩效的影响，进一步研究流动性风险监管以流动性风险信息披露的形式来促使银行加强自身的流动性风险管理，其监管效果在实践中是否具有操作价值。并且，对国有上市商业银行和股份制上市商业银行的流动性风险信息披露水平进行对比研究，深入剖析国有商业银行与股份制商业银行流动性风险信息披露水平的差异性。

5.2 理论分析与研究假设

5.2.1 理论分析

1. 金融脆弱性结构有利于流动性创造

金融中介理论强调了银行资本和流动性之间的相互关系，当银行面临流动性不足时，是否会维持或加强其资本充足率监管，假设银行加强偿付能力标准以弥补其流动性约束，就需要提高筹集外部资金的能力。此外，银行也可能提高资本监管标准，通过出售非流动性资产来偿还所要求的负债进而更好地估计损失。如果面临较高的“非流动性资产—流动性资产”转换需求时，银行不能调整或者提高其资本标准，将会导致银行的系统性风险。伯杰和鲍曼（Berger & Bouwman，2009）提出了“金融脆弱性结构

 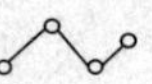

—存款挤出效应”假说和“风险吸收假说”，这两种假说大致讨论了银行资本和流动性之间关系的理论框架。

金融脆弱性结构影响银行创造流动性的具体表现为，银行从存款人处吸收资金，将其贷给借款人，为了监管借款人，银行能够获取其个人信息，在评估借款人的盈利能力方面具有一定的优势。然而，这种信息优势会产生代理问题，银行可能会为了获取更大份额的贷款收入而榨取存款人的利息，如果存款人拒绝支付更高的成本，银行将扣压监管或者贷款收集的信息。由于存款人知道银行会滥用其信任而不愿意把钱存在银行，银行必须通过持有大量的流动性存款来赢得存款人的信心，而存款合同则减轻了银行的套牢问题。金融脆弱性结构有利于流动性创造，允许银行吸收更多的存款，发放更多的贷款。同时，较高的资本与较少的金融监管相关，进而导致较低的流动性，银行资本充足率高就必然会挤出存款，从而使得流动性降低。根据风险吸收假说，较高的资本会提高银行吸收风险的能力，进而有利于创造流动性，流动性创造增加了银行的风险暴露行为，其损失增加了非流动性资产水平来满足客户的流动性需求。事实上，银行创造的流动性越多，暴露在无法满足客户意外取款需求的风险就越大，因此，银行必须遵守风险加权资本充足率的最低资本要求。

2. 信息不对称引发的逆向选择和道德风险问题

银行从投资者或存款人处获取资金，同时取得了资金的支配权，能充分有效地了解自身经营过程中的风险和收益等相关信息。而投资者虽然作为资金的权利人，却无法参与资金运作，在信息获取方面处于明显的劣势。因此，银行与投资者在风险信息获取能力及掌握程度方面存在着严重的不对称，极易产生“道德风险”和“逆向选择”问题，并将影响金融市场资源配置效率。同时，由于商业银行特有的高风险性和易传染性的资产负债结构，容易产生银行危机。为此，经济学理论认为，应当利用充分的信息披露来减少信息不对称，这样不仅能解决金融市场效率低下的问题，还能更大程度地避免传导性银行危机问题。

管制市场理论认为，完全自由的市场中，由于没有有效的调控和监管，市场中存在的无效性和滞后性等问题是无法仅仅依靠市场机制来解决的。诸多文献表述了在特定形式的制度下，经济个体之间的博弈会达成某种有效均衡。但是，相对于一般的商品和服务市场而言，金融市场的信息不对称性更加明显，“市场失灵”现象更容易产生。对此，传统经济学理论认为，政府应该对金融市场进行适当的干预，具体而言，就是引入商业银行风险信息披露机制，加强银行对风险相关信息的披露来弥补市场调节机制的不足，解决信息不对称问题，削弱银行市场的信息壁垒，提高市场透明度，促进银行业的良性竞争。

5.2.2 研究假设

根据上述理论分析可知，商业银行是典型的资产负债不对称行业，具有规模大、风险性高、对社会经济影响重大等特性，需要借助市场的力量即市场约束和有效的监管手段来降低其金融风险。通过银行资产负债结构的合理匹配，能有效降低融资成本，控制银行的流动性风险，而适度的流动性风险信息披露会对银行绩效产生一定程度的影响。不仅理论界有如此认识，实务界也很重视银行业的流动性监管，巴塞尔银行监管委员会制定的两个流动性风险监管指标作为强化全球流动性风险监管框架的基础，对于评估银行流动性期限匹配状况、流动性缓冲是否有效和银行压力测试等方面有着具体的指导意义。

总而言之，通过上述分析得出：其一，“金融脆弱性结构—存款挤出效应”假说和“风险吸收假说”、信息不对称引发的逆向选择和道德风险、管制市场理论为本书研究商业银行流动性风险信息披露提供了充足的理论支撑；其二，定性与定量流动性风险信息披露水平对银行绩效有着一定程度的影响；其三，《巴塞尔协议Ⅲ》流动性监管新规的实施，为商业银行加强流动性风险信息披露提供了实践指引。

由此得出以下研究假设。

H5.1：定性和定量流动性风险信息披露水平与银行绩效呈“U”型关系，由于金融脆弱性结构的影响银行绩效暂时会下降，随着披露机制的成

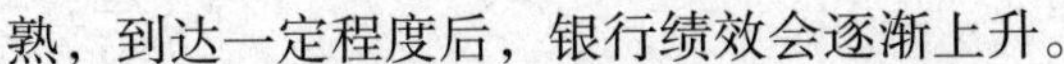

熟，到达一定程度后，银行绩效会逐渐上升。

H5.2：受银行规模的影响，国有商业银行的流动性风险信息披露水平要高于股份制商业银行。

5.3 研究设计

5.3.1 变量选取与说明

已有研究表明，银行规模（*Size*）、资本状况（*Capital*）、资产质量（*Quality*）都是影响银行绩效的重要因素，因此，本书将上述因素作为控制变量，来考察定性与定量流动性风险信息披露水平对银行绩效的影响。

被解释变量银行绩效由平均总资产收益率（*ROAA*）及平均净资产收益率（*ROAE*）来衡量。

解释变量流动性风险信息披露指数（*IND*）借鉴胡奕明（2002）所使用的“披露指数”，构建了本书的流动性风险信息披露指数，具体情况如前面第 4 章“流动性风险信息披露指数和局部调整模型的构建”所述。

控制变量包括流动性风险评价指标变量、银行规模（*Size*）、资本状况（*Capital*）、资产质量（*Quality*）等。详细的控制变量描述如下。

（1）流动性风险评价指标变量，包括成本收入比（*CTIO*）、存款及短期资金（*DSTF*）、流动资产/客户存款及短期资金（*LACSTFR*）、银行同业借款（*DFB*）；（2）银行规模，包括总资产（*TA*）、净收入（*NI*）、总客户存款（*TCD*）和贷款总额（*GL*）；（3）资本状况，包括总资本充足率（*TCR*）、核心资本充足率（*T1R*）、股东权益与总资产之比（*ETAR*），其中，股东权益与总资产之比是反映资金来源结构的一个主要变量；（4）资产质量，包括贷款净值/总资产（*NLTAR*）、净贷款/客户存款及短期资金（*NLCSTFR*），贷款净值与总资产之比，以及净贷款占客户存款及短期资金的比重用来衡量银行的贷款规模和不良贷款率。

本书的模型变量定义及说明如表 5-1 所示。

表 5-1 变量说明

变量类型	变量代码	变量说明
被解释变量	*ROAA*	平均总资产收益率
	ROAE	平均净资产收益率
解释变量	*IND*	银行流动性风险信息披露水平的详细情况（流动性披露指数）
	IND^2	银行流动性风险信息披露水平的详细情况（流动性披露指数）
控制变量	*TA*	总资产
	DSTF	存款及短期资金
	NI	净收入
	TCR	总资本充足率
	T1R	核心资本充足率
	ETAR	股东权益/总资产
	CTIO	成本收入比
	NLTAR	贷款净值/总资产
	NLCSTFR	净贷款/客户存款及短期资金
	LACSTFR	流动资产/客户存款及短期资金
	GL	贷款总额
	TCD	总客户存款
	DFB	银行同业借款

5.3.2 实证检验模型设计

本书主要分析商业银行资产负债表内定性与定量流动性风险信息披露水平对银行绩效的影响，可以通过以下方程式来表示：

$$P_i = \alpha_1 IND_i + \alpha_2 (IND_i)^2 + \sum_{j=1}^{m} \alpha_j (Control) + \varepsilon_i \tag{5.1}$$

其中，P 表示银行绩效，IND 表示披露指数，i 表示银行，j 表示具体的控制变量。

为了检验本书的基本假设，即定性和定量流动性风险信息披露水平与银行绩效呈“U”型关系，本书构建以下 4 个模型对上述理论假设进行检

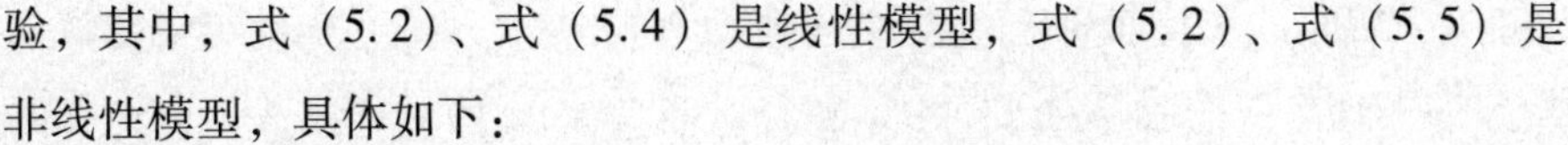

验，其中，式（5.2）、式（5.4）是线性模型，式（5.2）、式（5.5）是非线性模型，具体如下：

$$ROAA_{it} = \alpha_0 + \alpha_1 IND + \lambda_j \sum_{j=1}^{n} Control_{j,it} + \varepsilon \qquad (5.2)$$

$$ROAA_{it} = \alpha_0 + \alpha_1 IND + \alpha_2 IND^2 + \lambda_j \sum_{j=1}^{n} Control_{j,it} + \varepsilon \qquad (5.3)$$

$$ROAE_{it} = \beta_0 + \beta_1 IND + \lambda_j \sum_{j=1}^{n} Control_{j,it} + \varepsilon \qquad (5.4)$$

$$ROAE_{it} = \beta_0 + \beta_1 IND + \beta_2 IND^2 + \lambda_j \sum_{j=1}^{n} Control_{j,it} + \varepsilon \qquad (5.5)$$

模型（5.2）和模型（5.4）主要用来检验定性和定量流动性风险信息披露水平与银行绩效之间的线性关系。在模型（5.3）和模型（5.5）中引入二次项，用以讨论流动性风险信息披露水平与银行绩效之间的非线性关系。

5.4 实证结果分析

5.4.1 数据来源与样本选择

本书使用的银行财务数据等信息取自 BankScope 数据库，公司治理结构信息取自各银行网站披露的年度财务报告。样本选择 2009 年第 1 季度至 2015 年第 3 季度在我国境内经营的国有上市商业银行和股份制上市商业银行的季度财务数据，共获得 17 家银行的 312 个样本观察值。

5.4.2 描述性统计分析

本书首先对国有上市商业银行和股份制上市商业银行全样本进行了描述性统计分析，通过表 5－2 所示的描述性统计可以发现，银行的资本充足率均值为 12.15%，核心资本充足率均值为 9.627%，均达到了《巴塞尔协议Ⅲ》的 10.5% 和 8.5% 的最低资本要求。银行的平均总资产收益率的均值为1.224%，平均净资产收益率均值为20.27%，高于2015年我国商业银行的平均净资产收益率14.98%和资产收益率1.10%。那么，商业银行较高的盈利能力和比较充足的化解风险能力的根源是什么呢？考察银行信贷资产品质的一个重要维度就是其资产流动性，而衡量商业银行流动性风险信息披露水平的核心指标就是本书构建的流动性风险信息披露指数*IND*。本书将对流动性风险信息披露指数*IND*与银行财务绩效*ROAA*和*ROAE*之间的变化趋势进行回归分析。

表5-2　变量的描述性统计结果

变量	N	均值	标准差	最小值	最大值
ROAA	317	1.224	0.199	0.466	1.726
ROAE	317	20.27	3.125	12.32	28.68
IND	317	7.510	0.855	5.970	9.200
IND^2	317	57.13	12.76	35.64	84.64
TA	317	6.230e+09	5.880e+09	1.500e+08	2.240e+10
DSFT	317	5.530e+09	5.160e+09	1.340e+08	1.930e+10
NI	317	4.820e+07	5.610e+07	788900	2.760e+08
TCR	316	12.15	1.219	8.310	16.31
ETAR	317	6.126	0.885	3.412	8.565
CTIO	317	33.28	5.891	19.50	55.03
NLTAR	317	48.07	7.139	26.89	69.49
NLCSTFR	317	53.75	7.983	30.28	76.88
LACSTFR	317	26.01	9.798	5.864	53.91
GL	317	3.190e+09	3.080e+09	6.700e+07	1.190e+10
TCD	317	4.710e+09	4.650e+09	1.020e+08	1.650e+10
DFB	314	6.830e+08	5.120e+08	1.060e+07	2.450e+09
T1R	315	9.627	1.367	6.490	14.78

5.4.3 回归结果分析

本书使用Stata 14.0对全样本，以及国有上市商业银行和股份制上市商业银行分样本分别进行了回归估计与分析。

1. 全样本回归结果分析

（1）模型（5.2）、模型（5.3）回归结果。首先对模型（5.2）进行了检验，当被解释变量为 *ROAA* 时，流动性风险信息披露指数与银行绩效在1%的水平上显著负相关。这与相关理论分析相悖，可以解释为：由于银行是经营货币的特殊企业形态，其风险信息披露对于投资者、债权人及公众信心脆弱性的影响刚开始有可能是负面的，当银行流动性风险信息披露水平提高时，银行绩效开始可能会下降。然而，我们引入 IND^2 后（即模型5.4），通过检验发现，模型的拟合程度有所上升，R^2 从0.5256上升至0.5294，并且 IND^2 与银行绩效呈现正相关关系，相关系数在5%的水平上显著。显然，相比于线性模型，非线性模型具有更强的解释能力。因此，当被解释变量为 *ROAA* 时，*ROAA* 与 *IND* 呈现“U”型关系，验证了本书的基本假设 H5.1（见表5-3）：定性和定量流动性风险信息披露水平与银行绩效呈“U”型关系，随着银行流动性风险信息披露水平的提高，银行绩效先是下降，当披露机制成熟并且达到一定程度后，银行绩效会逐渐上升。同时，回归结果发现：控制变量 *ETAR* 与 *ROAA* 之间是正相关关系，*ETAR* 是反映资金来源结构的一个主要变量，即 *ETAR* 越高，银行绩效就越高；*CTIO* 与 *ROAA* 负相关，也就是说，成本收入比越高，则银行绩效越低。

表5-3　　模型（5.2）、模型（5.3）、模型（5.4）、模型（5.5）回归结果

	ROAA		*ROAE*	
	模型（5.2）	模型（5.3）	模型（5.4）	模型（5.5）
解释变量				
IND	-0.0882** (-2.84)	-0.751* (-2.28)	-0.974 (-1.70)	-11.40 (-1.87)
IND^2		0.0450* (2.04)		0.701 (1.73)
控制变量				
TA	-8.99E-12 (-0.12)	-1.57E-11 (-0.21)	-1.20e-09 (-0.87)	-1.27e-09 (-0.92)

续表

	ROAA		ROAE	
	模型（5.2）	模型（5.3）	模型（5.4）	模型（5.5）
DSTF	−2.22e−10 * (−2.15)	−1.92e−10 (−1.87)	−3.09e−09 (−1.66)	−2.70e−09 (−1.45)
NI	−6.33e−10 ** (−3.09)	−6.23e−10 ** (−3.03)	−8.96e−09 * (−2.43)	−8.72e−09 * (−2.37)
TCR	0.0101 (0.87)	0.0114 (0.98)	0.217 (1.03)	0.229 (1.09)
ETAR	0.103 *** (5.76)	0.108 *** (6.05)	−1.059 ** (−3.29)	−0.991 ** (−3.06)
CTIO	−0.0151 *** (−8.42)	−0.0155 *** (−8.72)	−0.198 *** (−6.12)	−0.203 *** (−6.30)
NLTAR	0.00757 (0.66)	0.00722 (0.63)	0.0585 (0.28)	0.0545 (0.26)
NLCSTFR	−0.00812 (−0.77)	−0.00653 (−0.62)	−0.0803 (−0.42)	−0.0594 (−0.31)
LACSTFR	0.00423 *** (5.43)	0.00459 *** (5.83)	0.0618 *** (4.40)	0.0666 *** (4.68)
GL	−5.42e−11 (−1.08)	−6.95e−11 (−1.38)	−3.26e−10 (−0.36)	−6.20e−10 (−0.68)
TCD	3.29e−10 *** (6.23)	3.11e−10 *** (5.97)	5.66e−09 *** (5.91)	5.46e−09 *** (5.73)
DFB	5.84e−11 (1.46)	5.43e−11 (1.35)	1.09e−09 (1.51)	1.02e−09 (1.42)
T1R	−0.0237 (−1.66)	−0.0274 (−1.91)	−0.383 (−1.49)	−0.426 (−1.65)
常数项	1.723 *** (5.72)	4.073 *** (3.36)	40.28 *** (7.27)	77.70 *** (3.45)
N	312	312	312	312
R^2	0.5256	0.5294	0.4464	0.4509

注：括号里为t统计量，* 表示 $p<0.05$，** 表示 $p<0.01$，*** 表示 $p<0.001$。

（2）模型（5.4）、模型（5.5）回归结果。当被解释变量为 *ROAE* 时，在模型（5.4）中是一次项流动性风险信息披露指数 *IND*，模型（5.5）引入了二次方项后，模型的拟合优度同样是上升的，即由 0. 4464 上升为 0. 4509。这表明引入二次方项的模型解释力更强，并且从一次项的负相关变成了二次项的正相关，从而证明了基本假设 H5. 1，即定性和定量流动性风险信息披露水平与银行绩效呈“U”型关系。这可以用规模经济来解释，当人员、机构设置及相配套的风险管理体系水平较低时，成本的增加会超过利润的增加；而当这些设施达到较大规模后，会使成本降低，进而有助于提高银行绩效。

2. 分样本的描述性统计与回归分析

本书对 5 家国有上市商业银行和 12 家股份制上市商业银行分样本也分别进行了描述性统计与回归分析（见表 5 -4）。

表 5 -4　　国有商业银行的描述性统计结果

变量	N	均值	标准差	最小值	最大值
ROAA	130	1. 291	0. 183	0. 818	1. 726
ROAE	130	20. 84	2. 980	13. 76	27. 51
IND	130	7. 756	0. 898	6	9. 200
IND^2	130	60. 96	13. 69	36	84. 64
TA	130	1. 210e +10	4. 750e +09	3. 040e +09	2. 240e +10
DSTF	130	1. 070e +10	4. 090e +09	2. 790e +09	1. 930e +10
NI	130	9. 500e +07	6. 100e +07	7. 957e +06	2. 760e +08
TCR	130	12. 74	1. 025	8. 310	14. 97
ETAR	130	6. 306	0. 795	3. 655	7. 941
CTIO	130	33. 74	4. 429	23. 78	43. 11
NLTAR	130	51. 09	3. 182	44. 97	56. 24
NLCSTFR	130	57. 46	4. 118	48. 90	63. 47
LACSTRF	130	21. 59	7. 947	5. 864	36. 36
GL	130	6. 290e +09	2. 480e +09	1. 610e +09	1. 190e +10
TCD	130	9. 400e +09	3. 770e +09	2. 140e +09	1. 650e +10
DFB	127	1. 090e +09	4. 500e +08	5. 620e +07	2. 450e +09
T1R	130	10. 15	1. 057	6. 720	12. 73

首先，通过对国有商业银行的描述性统计结果分析发现，国有商业银行的 *ROAA*、*ROAE* 和 *IND* 均值都高于全样本的平均值。而回归结果表明，流动性风险信息披露指数 *IND* 与 *ROAA* 和 *ROAE* 都呈现了显著的正相关关系，引入二次方项后，也是显著正相关关系，并且模型的拟合优度提高，分别从 0.675 上升为 0.6863，以及从 0.6947 上升为 0.7011（见表 5-5）。

表 5-5　　国有商业银行的回归结果

	ROAA		*ROAE*	
	模型（5.2）	模型（5.3）	模型（5.4）	模型（5.5）
解释变量				
IND	0.0710*** (3.70)	-0.468 (-1.64)	0.645 (1.91)	-7.584 (-1.50)
IND^2		0.0347 (1.89)		0.529 (1.63)
控制变量				
TA	-2.35e-10* (-2.42)	-3.04e-10** (-2.96)	-2.63e-09 (-1.54)	-3.68e-09* (-2.03)
DSTF	2.91e-10* (2.48)	4.02e-10** (3.09)	2.89e-09 (1.40)	4.57e-09* (1.99)
NI	-8.08e-10*** (-4.30)	-7.99e-10*** (-4.30)	-1.06e-08** (-3.21)	-1.04e-08** (-3.19)
TCR	0.0546** (3.14)	0.0435* (2.40)	0.451 (1.47)	0.283 (0.88)
ETAR	0.0716** (2.85)	0.0680** (2.72)	-1.864*** (-4.21)	-1.919*** (-4.36)
CTIO	-0.0178*** (-7.65)	-0.0164*** (-6.84)	-0.215*** (-5.27)	-0.195*** (-4.59)
NLTAR	-0.0204 (-0.83)	-0.0436 (-1.60)	-0.0300 (-0.07)	-0.384 (-0.80)
NLCSTFR	0.0677** (3.01)	0.0865*** (3.55)	0.809* (2.04)	1.096* (2.55)
LACSTFR	0.00526*** (4.03)	0.00486*** (3.72)	0.0676** (2.95)	0.0616** (2.67)
GL	-3.04e-10*** (-4.78)	-3.13e-10*** (-4.97)	-5.10e-09*** (-4.56)	-5.24e-09*** (-4.71)

续表

	ROAA		ROAE	
	模型（5.2）	模型（5.3）	模型（5.4）	模型（5.5）
TCD	1.95e-10*** (4.71)	1.71e-10*** (3.97)	3.83e-09*** (5.25)	3.46e-09*** (4.55)
DFB	1.75e-11 (0.53)	8.60e-12 (0.26)	5.13e-10 (0.88)	3.77e-10 (0.64)
T1R	-0.0652** (-3.02)	-0.0639** (-2.99)	-0.398 (-1.05)	-0.378 (-1.00)
常数项	-2.257*** (-4.81)	-0.0214 (-0.02)	-15.92 (-1.93)	18.18 (0.81)
N	127	127	127	127
R^2	0.675	0.6863	0.6947	0.7011

注：括号里为t统计量，* 表示 $p<0.05$，** 表示 $p<0.01$，*** 表示 $p<0.001$。

通过股份制商业银行的描述性统计结果分析发现（见表5-6），股份制商业银行绩效 *ROAA*、*ROAE* 和 *IND* 的均值都低于全样本的平均值。回归结果表明（见表5-7），*IND* 与 *ROAA* 和 *ROAE* 都呈现了显著的负相关关系，引入二次方项后，*IND* 与 *ROAA* 和 *ROAE* 呈现一定的正相关关系，但是，显著程度不是很高，只是模型的拟合优度有所提高，即从0.214上升为0.2162。

表5-6　　股份制商业银行的描述性统计结果

变量	N	均值	标准差	最小值	最大值
ROAA	187	1.178	0.197	0.466	1.664
ROAE	187	19.88	3.170	12.32	28.68
IND	187	7.339	0.782	5.970	8.500
IND^2	187	54.47	11.37	35.64	72.25
TA	187	2.130e+09	1.380e+09	1.500e+08	5.220e+09
DSTF	187	1.910e+09	1.230e+09	1.340e+08	4.660e+09
NI	187	1.570e+07	1.300e+07	788900	5.600e+07
TCR	186	11.73	1.171	8.790	16.31
ETAR	187	6.001	0.925	3.412	8.565

续表

变量	N	均值	标准差	最小值	最大值
CTIO	187	32.96	6.716	19.50	55.03
NLTAR	187	45.97	8.292	26.89	69.49
NLCSTFR	187	51.17	8.955	30.28	76.88
LACSTRF	187	29.09	9.806	8.832	53.91
GL	187	1.030e+09	6.880e+08	6.700e+07	2.720e+09
TCD	187	1.450e+09	9.160e+08	1.020e+08	3.470e+09
DFB	187	4.090e+08	3.430e+08	1.060e+07	1.910e+09
T1R	185	9.257	1.441	6.490	14.78

综上所述，我们可以得出一个结论，即国有商业银行的流动性风险信息披露水平要高于股份制商业银行，流动性风险信息披露指数对国有银行的作用显著，对于股份制银行流动性风险的披露并不能显著提升银行绩效。这验证了我们的基本假设H5.2，即受银行规模的影响，国有商业银行的流动性风险信息披露水平要高于股份制商业银行。本书认为可能的解释是：规模大的国有商业银行可以更有效地处理信息披露后的市场反应，了解更多信息；而规模相对较小的股份制商业银行获取市场反应需要承担更多的成本，从而使得银行绩效降低。

表5-7　　股份制商业银行的回归结果

	ROAA		*ROAE*	
	模型（5.2）	模型（5.3）	模型（5.4）	模型（5.5）
解释变量				
IND	-0.0778*** (-4.17)	-0.245 (-0.59)	-1.100** (-3.21)	-5.697 (-0.74)
IND^2		0.0114 (0.40)		0.315 (0.60)
控制变量				
TA	-1.77e-09*** (-4.00)	-1.79e-09*** (-4.01)	-3.06e-08*** (-3.78)	-3.11e-08*** (-3.81)
DSTF	1.39e-09** (2.60)	1.42e-09** (2.62)	2.29e-08* (2.33)	2.37e-08* (2.38)

续表

	ROAA		ROAE	
	模型（5.2）	模型（5.3）	模型（5.4）	模型（5.5）
NI	1.79e-10 (0.13)	1.51e-10 (0.11)	2.30e-08 (0.92)	2.22e-08 (0.89)
TCR	0.0215 (1.06)	0.0213 (1.05)	0.380 (1.03)	0.376 (1.01)
ETAR	0.122 *** (4.72)	0.121 *** (4.62)	-1.149 * (-2.42)	-1.187 * (-2.47)
CTIO	-0.0126 *** (-5.02)	-0.0130 *** (-4.79)	-0.177 *** (-3.86)	-0.188 *** (-3.79)
NLTAR	-0.0660 *** (-3.34)	-0.0676 *** (-3.34)	-1.220 *** (-3.36)	-1.263 *** (-3.41)
NLCSTFR	0.0544 ** (3.01)	0.0560 ** (3.01)	1.040 ** (3.13)	1.085 ** (3.18)
LACSTFR	0.00479 *** (3.92)	0.00483 *** (3.93)	0.0841 *** (3.75)	0.0851 *** (3.78)
GL	4.30e-10 (1.81)	4.53e-10 (1.85)	6.83e-09 (1.57)	7.47e-09 (1.66)
TCD	4.04e-10 (1.67)	3.76e-10 (1.49)	8.20e-09 (1.84)	7.45e-09 (1.61)
DFB	4.85e-10 * (2.08)	4.68e-10 * (1.97)	1.08e-08 * (2.52)	1.03e-08 * (2.37)
T1R	-0.0382 (-1.60)	-0.0382 (-1.60)	-0.554 (-1.27)	-0.555 (-1.27)
常数项	1.514 *** (5.48)	2.133 (1.36)	39.56 *** (7.80)	56.56 * (1.97)
N	185	185	185	185
R^2	0.4363	0.4361	0.214	0.2162

注：括号里为t统计量，* 表示 $p<0.05$，** 表示 $p<0.01$，*** 表示 $p<0.001$。

5.5 本章小结

本章以2009年第1季度至2015年第3季度的17家国有商业银行和股

份制商业银行为研究样本，探讨了我国上市商业银行流动性风险信息披露水平对银行绩效的影响，以及国有商业银行和股份制商业银行流动性风险信息披露水平的差异程度。得出以下基本结论。第一，定性和定量流动性风险信息披露水平与银行绩效呈“U”型关系。具体而言，银行刚开始进行充分的流动性风险信息披露时，会产生负面的市场反应，进而导致银行绩效下降；而随着披露机制的逐步成熟，向市场提供更多与风险相关的信息反而会使银行绩效上升，进而增加银行的稳定性。第二，国有商业银行的流动性风险信息披露水平要高于股份制商业银行。对于规模较小的银行，其需要承担更多的成本，市场会收到不好的信号，导致银行绩效下降；而对于规模较大的银行，市场则期望其在年度财务报告中披露更多的信息，银行绩效会因之上升。

总而言之，就流动性风险信息披露本身而言，可能不会对银行绩效产生正面影响，但是，流动性风险信息披露对银行自身及外部市场产生的后果，会对银行绩效产生积极影响。一方面，商业银行在进行流动性风险信息披露的过程中，充分审视和发现自身流动性风险管理存在的问题，进而加强银行内部的流动性风险管控，这种风险管控本身对银行强调的安全性是一种保障；另一方面，尽管短期内定性与定量流动性风险信息披露会影响公众信心，银行绩效可能会下降，但是，长远来看，在披露机制成熟并达到一定程度后，这种流动性风险信息披露能使得投资者、债权人与存款者对银行的经营管理状况和内部风险控制有着更为充分的了解，进而合理规避风险，作出更为合理的决策，基于此，银行绩效会随着流动性风险信息披露水平的提高而逐渐上升。

第6章

《巴塞尔协议Ⅲ》净稳定资金比率要求对银行绩效的影响研究

6.1 引言

2008年世界金融危机的教训之一，就是流动性风险可能导致一些即使达到《巴塞尔协议Ⅱ》最低资本充足率要求的银行也会倒闭。事实上，2007年金融危机早期的“流动性危机阶段”，就暴露出全球银行系统在资金和流动性风险监管方面的不足。2010年，巴塞尔银行监管委员会通过《巴塞尔协议Ⅲ：流动性风险计量标准和监测的国际框架》确立了应对银行短期和长期流动性风险的全球统一标准：流动性覆盖率和净稳定资金比率。这两个流动性监管指标的强制实施，是在巴塞尔协议资本充足率要求的基础上将流动性监管纳入其框架之下，将会使得银行关注于更具效率的资本和流动性业务模式及产品。

虽然《巴塞尔协议Ⅲ》引入了新的流动性监管指标，但流动性覆盖率和净稳定资金比率所体现的短期流动性需求与可用资金相匹配的理念并不是新的发现。一些银行或者监管机构目前正在使用的监管指标就与流动性覆盖率相类似，比如，银行的短期资产/短期负债、净短期负债/资产等流动性比例。而银行传统的衡量资产负债流动性的监管指标是贷款与核心存款比率，在本质上与净稳定资金比率也非常相似。因此，银行通过类似于贷款与核心存款比率的指标管理自身流动性时，在一定程度上也契合了《巴塞尔协议Ⅲ》流动性监管的理念。

本章选取净稳定资金比率而非流动性覆盖率和贷款与核心存款比率进行比较分析，是由于净稳定资金比率比流动性覆盖率更容易使用公开数据进行模拟，它与一些存在于资产负债表中固定权重的比率相类似，可以基于银行已公布的历史财务数据来估算。而流动性覆盖率则要求银行计算出近一个月的现金流入与现金流出，这些数据在标准的银行财务报表中很难找到。因此，本书借鉴奥特克·罗布等（Otker – Robe et al.，2010）的做法，仅对净稳定资金比率进行分析。

6.2 净稳定资金比率和贷款与核心存款比率的相似性

衡量银行资产负债流动性的监管指标贷款与核心存款比率是银行贷款与核心存款的比率，《巴塞尔协议Ⅲ》强制要求披露的流动性监管指标——净稳定资金比率是银行可用的稳定资金与所需的稳定资金之间的比率。显而易见，净稳定资金比率与贷款与核心存款比率的概念构成与监管理念有着非常相似之处，都是基于银行流动资产与稳定资金之间的比率，只是净稳定资金比率对银行流动性资产和稳定的可用资金的覆盖面更广，净稳定资金比率比较的是银行资产对其资金来源的总体流动性，而贷款与核心存款比率是贷款（传统意义上的非流动资产）与核心存款（传统意义上的稳定资金）之比。在流动性风险监管方面，净稳定资金比率与贷款与核心存款比率也是类似的，两个比率都是用于比较银行非流动资产（贷款与核心存款比率情形下是总贷款，净稳定资金比率情形下是所需的稳定资金）与银行稳定资金（贷款与核心存款比率情形下是核心存款，净稳定资金比率情形下是可用的稳定资金）之间的关系。

本章试图利用局部调整模型（partial adjustment model）估算银行净稳定资金比率和贷款与核心存款比率的目标比率和调整速度，并进一步研究其调整速度与银行绩效的关系，通过构建动态面板数据模型研究银行在进行流动性风险管理时应考虑的因素，以及这些因素对银行实施《巴塞尔协议Ⅲ》流动性监管新规后的影响。当不良影响迫使银行偏离其流动性目标时，银行如何调整其资产负债结构以便重新建立所需的流动性水平？银行的流动性目标和调整速度在银行特征和整个业务周期是否有规律性变化？银行流动性风险监管在什么程度上是最优的，与银行绩效最大化的关系如何？上述分析为银行实施《巴塞尔协议Ⅲ》流动性监管新规的净稳定资金比率最低监管要求提供了新的研究思路。本书与以往研究的不同之处在于：利用银行传统的流动性衡量指标贷款与核心存款比率与《巴塞尔协议Ⅲ》强制要求披露的净稳定资金比率进行对比分析，考察执行《巴塞尔协议Ⅲ》流动性监管新规的可操作性。

鉴于银行流动性风险监管的重要性，国内外学者从不同角度展开了研究。角度之一是流动性监管指标对银行自身的影响，以及商业银行如何通过调整资产负债结构以满足最低流动性监管要求；角度之二是如何既符合《巴塞尔协议Ⅲ》相关流动性监管新规的披露要求，又不违背当前银行流动性监管理念，利用净稳定资金比率来监管银行长期结构性的流动性风险。但现有文献对银行流动性风险监管的研究大多集中于流动性风险的形成机理、流动性风险的评价及其度量等方面。这些研究都是对银行流动性监管相关指标的静态描述性研究，没有深入认识银行业务的变化，尤其是对于净稳定资金比率的研究，尚未从资产负债表的调整方面进行深入剖析，而如何基于现有指标监管银行流动性风险的研究更是鲜见于文献。

6.3 理论分析与研究假设

经过对以往文献的梳理，我们发现有关银行贷款与存款比率理论决定因素的研究相对较少，目前尚没有对于最佳贷款与核心存款比率的实证研究。因此，本章借鉴梯若尔（Tirole，2011）银行流动性的理论决定因素，来确定传统的贷款与核心存款比率的目标比率决定因子的向量，以及贷款与核心存款比率的调整速度的决定因素。由于《巴塞尔协议Ⅲ》强制要求披露的流动性监管指标净稳定资金比率与贷款与核心存款比率相类似，本书也比照贷款与核心存款比率对净稳定资金比率的目标比率的决定因素和调整速度进行估算，并进一步验证净稳定资金比率和贷款与核心存款比率的调整速度与银行绩效之间的关系。

6.3.1 基于贷款与核心存款比率进行流动性风险管理的存款、贷款与银行流动性分析

银行流动性风险可以简单地定义为银行客户的现金需求超过其可能的现金供给所面临的挤兑风险。银行的资金缺口可表示如下：

$$\text{资金缺口} = \text{贷款} - \text{核心存款} > 0 \tag{6.1}$$

当资金缺口为正时，表明银行持有的稳定资金不足以保证其非流动性资产的需求，需要为其贷款筹集额外资金。资金缺口在理论上与《巴塞尔协议Ⅲ》的净稳定资金比率的要求是一致的，即银行持有足够的稳定资金以充分保证其非流动性资产的使用。尽管银行更倾向于使用核心存款提供资金，但通常不可能快速筹集到足够的核心存款。因此，短期内银行必须通过非核心存款和其他短期借款，或者出售流动资产来填补资金缺口。这种暂时性的资金筹措会造成短期资产和短期负债的不平衡，而这种不平衡是确定资金缺口的简单替代方式，即：

$$\text{资金缺口} = \text{贷款} - \text{核心存款} = \text{短期借款} - \text{流动资产} > 0 \tag{6.2}$$

显然，过度依赖临时性资金筹措来填补资金缺口，会使银行处于负利差状态，即短期融资的成本大于其投资收益。所以，对资金缺口的管理与《巴塞尔协议Ⅲ》的流动性覆盖率（LCR）是一致的，即要求银行拥有足够的流动资产（比如现金、国债）来支付其短期借款（比如非核心存款、国债回购、商业票据）。重新排列等式，得出贷款与核心存款比率，如式（6.3）所示：

$$\frac{\text{贷款}}{\text{核心存款}} = 1 + \frac{\text{短期借款} - \text{流动资产}}{\text{核心存款}} \tag{6.3}$$

《巴塞尔协议Ⅲ》流动性监管新规与梯若尔（2011）对银行流动性

的分析基本上是一致的，即：（1）持有流动性资产来支持短期资金运营；（2）发行非经营管理的稳定的或“粘性的”存款；（3）保持相当水平的权益资金来应对长期偿付能力，从而降低缺口风险。也就是说，这些具体的政策措施虽然是新发布的，但是，基本的流动性覆盖率和净稳定资金比率的短期流动性和相匹配的资金概念却不完全是新的。这两个比率都是用来比较银行非流动资产与稳定资金之间关系的，净稳定资金比率比较银行资产对其资金来源的总体流动性，而贷款与核心存款比率是比较贷款（传统意义上的非流动资产）与核心存款（传统意义上的稳定资金）之比的。净稳定资金比率与贷款与核心存款比率在流动性监管方面也是相类似的，这两个比率都是用于比较银行非流动资产（贷款与核心存款比率情形下是总贷款，净稳定资金比率情形下是所需的稳定资金）与银行稳定资金（贷款与核心存款比率情形下是核心存款，净稳定资金比率情形下是可用的稳定资金）的。但是，净稳定资金比率和贷款与核心存款比率在结构上却有以下三方面的差异：其一，净稳定资金比率根据其稳定性和流动性对银行资产负债进行加权平均，而贷款与核心存款比率将所有的贷款和核心存款赋予权重1，资产负债表的其他项目赋予权重0；其二，净稳定资金比率把权益资本作为资金来源，而贷款与核心存款比率却不是；其三，通过构建净稳定资金比率来增加银行资产负债表的流动性，而贷款与核心存款比率却降低资产负债表的流动性。

综上所述，由于《巴塞尔协议Ⅲ》强制要求披露的净稳定资金比率和银行传统的流动性监管指标贷款与核心存款比率在概念构成与理念上的一致性，本章通过对净稳定资金比率的历史追溯计算来验证净稳定资金比率的定量披露对银行资产负债结构的影响不会太大，而其对银行资产负债表流动性的监管和控制更加有效率。因此，《巴塞尔协议Ⅲ》流动性监管新规的实施在实践中具有可操作性。

6.3.2 调整速度与银行绩效

通常情况下，银行对于资产负债表流动性的管理是积极和敏感的，并且通过传统的贷款与核心存款比率来衡量，但是，没有明确数据可以直接得知银行对流动性管理的效果。本章通过构建以下非线性模型对年度财务绩效与贷款与核心存款比率的调整速度，以及年度财务绩效与净稳定资金比率的调整速度进行回归估计，来估算贷款与核心存款比率与净稳定资金比率的调整速度与银行绩效之间的关系。

$$Performance_{i,t} = a + b \times \lambda_{i,t} + c \times \lambda_{i,t}^{2} + d \times \ln ASSETS_{i,t} + \varepsilon_{i,t} \tag{6.4}$$

上述简单的二次函数指出，银行绩效最大值是否在行业 λ 范围之内，如果是的话，银行是否倾向于围绕贷款与核心存款比率和净稳定资金比率最佳的调整速度经营。测试时使用资产收益率（return on assets，ROA）和净资产收益率（return on equity，ROE）来衡量银行财务绩效。银行规模（*ASSETS*）作为一个标准的控制变量，需要对银行资产取自然对数（ln*ASSETS*）。

回归估计 λ 和 λ^2 包含测量误差的可能性，其可能导致偏差参数估计。理由如下：（1）λ 的估计值来自产生的系数，流动性目标和具有合理量值的调整速度的模型；（2）由测量误差引起的最典型的偏差是参数估计趋向于0。因此，统计学上显著的参数估计将提供偏差最小的置信度。

衡量银行流动性风险管理水平的比率贷款与核心存款比率与净稳定资金比率的调整速度越高，表明贷款与核心存款比率与净稳定资金比率的实际比率与目标比率越接近，而每个银行的目标比率区间恰恰是使银行保持最佳绩效的区间，也就是说，贷款与核心存款比率和净稳定资金比率的实际比率与目标比率的偏差越小，银行的财务绩效趋近于最大值。当贷款与核心存款比率和净稳定资金比率的实际比率偏离目标值太大时，就需要重新建立银行资产负债结构的平衡，否则容易产生流动性风险，影响银行绩效及其稳定性。

根据上述理论分析与推导过程，提出以下研究假设。

H6.1：贷款与核心存款比率的调整速度与银行绩效呈倒“U”型关系。银行资产负债表的流动性风险监管指标偏离目标值时，需要及时进行调整，使得银行绩效呈最优状态，而贷款与核心存款比率调整速度的大小与银行绩效的关系是先升后降。

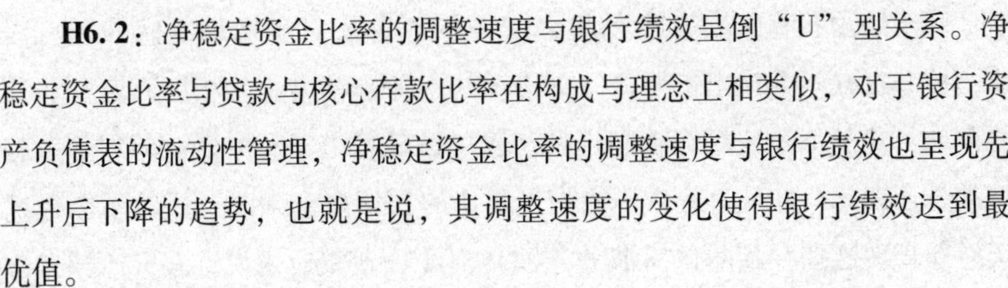

H6.2：净稳定资金比率的调整速度与银行绩效呈倒“U”型关系。净稳定资金比率与贷款与核心存款比率在构成与理念上相类似，对于银行资产负债表的流动性管理，净稳定资金比率的调整速度与银行绩效也呈现先上升后下降的趋势，也就是说，其调整速度的变化使得银行绩效达到最优值。

6.4 研究设计与变量选取

6.4.1 样本选取及数据来源

鉴于实证数据的连续性与可获得性，本章选取2000~2015年作为样本区间，以5家国有商业银行、12家股份制商业银行和15家城商行①，共计32家上市商业银行的年度财务数据为研究样本。由于各家银行上市时间不一致，最终获得一个非平衡面板数据。数据来源于Bankscope数据库、Bloomberg数据库以及各银行年报。此外，由于模型设定时对自变量作滞后一期处理，故因变量数据的涵盖区间为2001~2015年，而自变量数据的涵盖区间为2000~2014年。主要使用Stata14.0处理相关数据和回归分析。为避免极端值的影响，对所有连续变量在1%水平上进行缩尾（winsorize）处理。

6.4.2 主要变量定义与度量

本章的核心变量使用核心存款而非总存款有以下两方面的原因。(1) 银行能够更好地管理其核心存款水平，而不是非核心存款水平。基于流动

① 本章的国有商业银行是指资产规模超过5万亿元的大型商业银行，股份制商业银行是指资产规模在1万亿~5万亿元的中型商业银行，城商行是指资产规模在1万亿元以下的小型商业银行。

性、基于储蓄和基于安全性动机，使得核心存款对于利率敏感性差，因此，核心存款不会流出银行以应对市场利率的小幅增长。相比而言，非核心存款（比如大额定期存款和代理存款）是随着市场利率变化的利率敏感型基金，因此，非核心存款不能作为稳定的长期资金来源，银行不能轻易选择和管理这些存款的目标水平。（2）对于商业银行来说，总资产减去总存款等于股本资本。模型化贷款对总存款比率相当于模型化贷款对资本比率。而本章研究的重点是流动性管理，而非资本管理。基于上述原因，本章的核心变量选取核心存款。

1. 核心变量

（1）贷款与核心存款比率（*LTCD*）。*LTCD* 中的核心存款采用 HP 滤波法来估算，HP 滤波法将观测值分解为长期趋势成分和短期波动成分，并将长期趋势下移，从而保证实际存款总额在核心存款之上波动。

（2）净稳定资金比率（*NSFR*）。*NSFR* 是可用稳定资金（*ASF*）与所需稳定资金（*RSF*）之比。与传统的贷款与核心存款比率相类似，均为银行非流动资产与银行所需稳定资金的比率。只是 *NSFR* 随着银行资产负债表流动性的增加而增加，而 *LTCD* 随着资产负债表流动性的增加而减少。

（3）贷款与核心存款比率的目标比率（$LTCD^*$）。$LTCD^*$ 是 *LTCD* 的实际估计值，当银行资产负债结构偏离其流动性水平太大时，就需要重新设定一个目标比率 $LTCD^*$，以维持一定的资产负债表流动性。

（4）净稳定资金比率的目标比率（$NSFR^*$）。$NSFR^*$ 是 *NSFR* 的实际估计值，《巴塞尔协议Ⅲ》强制性要求披露的流动性监管指标之一就是净稳定资金比率，使银行资产负债结构具有相当水平的流动性，以应对银行危机。当银行偏离其标准值时，就需要设定目标比率来重新建立新的资产负债表流动性平衡。

（5）资产收益率（*ROA*）。*ROA* 是衡量银行盈利能力最广泛使用的指标之一，本章选取该指标来表示银行财务绩效，表明资产收益率越高，银行资产利用率越好。

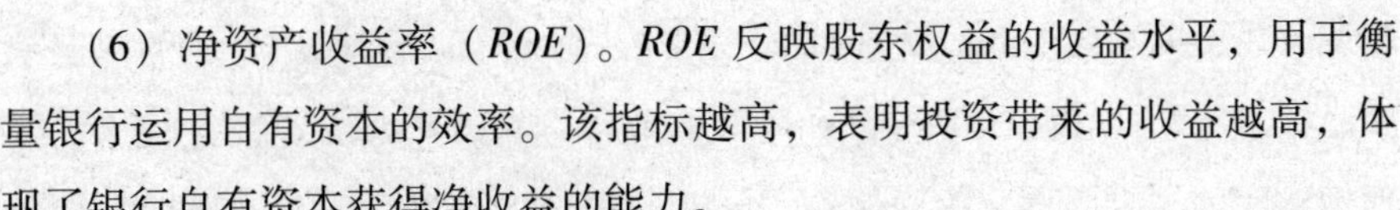

（6）净资产收益率（*ROE*）。*ROE* 反映股东权益的收益水平，用于衡量银行运用自有资本的效率。该指标越高，表明投资带来的收益越高，体现了银行自有资本获得净收益的能力。

2. 目标比率决定因素的变量选择

依据梯若尔（2011）银行流动性的理论决定因素，本章选择目标比率 $LTCD^*$ 的决定因素变量如下。

（1）银行规模（ln*ASSETS*）。资产规模越大的银行，其资产负债表的流动性越差，因为规模较大的银行调整流动性的速度更快，资产变现能力更强，可以在短期内筹集到更多的流动性资产来应对流动性风险。

（2）权益资产与总资产之比（*EQUITY*）。资本化率高的银行，其资产负债表流动性较低。债务能力较强的情况下，银行可能会以更高的流动性风险进行经营，因其更容易从资本市场筹集资金，具有较强的流动性。

（3）资产增长率（*GROWTH*）。本章的资产增长率是指未来两年的银行增长率。资产增长较快的银行其资产负债表流动性比率的调速度较慢，因其资金主要用于规模扩张而导致流动性较差。

另外，变量净收入（*NI*）、工商业贷款占贷款总额的比率（*CORP*）、住房抵押贷款占贷款总额的比率（*ML*）是银行规模（*ASSETS*）的三个工具变量。银行规模取其自然对数，即银行规模（ln*ASSETS*）。

3. 调整速度决定因素的变量选择

银行资产负债表流动性的调整速度的决定因素包括以下变量。

（1）*ABOVE*（*LTCD*）与 *BELOW*（*NSFR*）。如果 $LTCD > LTCD^*$，则 *ABOVE*(*LTCD*) = 1；若 $NSFR < NSFR^*$，则 *BELOW*(*NSFR*) = 1。设定 *ABOVE*（*LTCD*）是因为预计高于 *LTCD* 目标比率经营的银行相对低于 *LTCD* 目标比率的银行能够更快速地调整其资产负债表流动性。*BELOW*（*NSFR*）的设定同理。

（2）实际比率与目标比率的差距（*GAP*）。本章借鉴银行资本比率局部调整模型的文献（Berger et al.，2008），指定了调整速度 $Z_{i,t-1}$ 的决定因素。银行流动性实际比率与目标比率的差距（*GAP*）是决定银行快速达到目标比率的主要因素，假设银行设定最优的 *LTCD* 目标，与该目标的偏差越大，即 *GAP* 越大，调整成本就越高。因此，如果银行偏离其流动性目标越远，调整速度越高。

本章的模型变量描述及数据来源如表 6－1 所示。

表 6－1　变量描述及数据来源

变量	符号	定义描述	数据来源
流动性风险监管指标	*LTCD*	贷款/核心存款	Bloomberg
	NSFR	可用稳定资金 *ASF*/所需稳定资金 *RSF*	自行计算
	$LTCD^*$	估计的 *LTCD* 目标比率	自行计算
	$NSFR^*$	估计的 *NSFR* 目标比率	自行计算
调整速度	λ（*LTCD*）	*LTCD* 的调整速度	自行计算
	λ（*NSFR*）	*NSFR* 的调整速度	自行计算
银行特征	*ASSETS*	银行规模	Bloomberg
	ln*ASSETS*	银行规模的自然对数	自行计算
	EQUITY	权益资产/总资产	Bloomberg
	GROWTH PLAN	未来两年的银行资产增长率	Bloomberg
	GAP	实际比率与目标比率之间的差距	自行计算
银行绩效	*ROA*	资产收益率	BankScope
	ROE	净资产收益率	BankScope

6.5　实证过程与实证结果分析

本章基于阿雷亚诺和波费（Arellano & Bover，1995）和布伦德尔和邦德（Blundell & Bond，1998）提出的广义矩阵估计法（generalized method of moments，GMM），适用于模型的动态结构，同时采用动态面板数据来解决潜在的内生性问题。

6.5.1 描述性统计分析

表6－2是针对主要变量的描述性统计结果分析，从中可以看出，*LTCD*的均值为1.065，中位数为0.8873，最大值为3.178，最小值为0.6319，样本间差异比较大，说明各家银行设定的流动性比率很不均衡。而*NSFR*的均值为1.290，中位数为1.263，最大值为1.788，最小值为0.8842，表明*NSFR*的执行效果基本符合《巴塞尔协议Ⅲ》的监管要求。估计的目标比率$LTCD^*$和$NSFR^*$的均值分别为0.9601和1.285，说明银行具有较强的降低其贷款与核心存款比率的需求，而对于《巴塞尔协议Ⅲ》强制要求的净稳定资金比率则严格执行其最低监管标准。

表6－2　　变量描述性统计结果

变量	均值	标准差	P25	P50	P75	最大值	最小值	*N*
LTCD	1.065	0.5873	0.7437	0.8873	1.036	3.178	0.6319	272
$LTCD^*$	0.9601	0.5061	0.5299	0.8135	1.0627	2.7563	0.4029	244
NSFR	1.290	0.2357	1.126	1.263	1.460	1.788	0.8842	309
$NSFR^*$	1.285	0.1843	1.176	1.271	1.408	1.743	0.8328	266
GROWTH	23.53	10.54	15.58	22.57	31.50	43.96	5.958	266
EQUITY	5.574	1.878	4.512	5.640	6.435	9.880	2.172	304
SIZE	13.47	1.573	12.25	13.26	14.82	16.29	10.95	305
NI	20566	35400	1457	4185	20946	135031	438.0	305
CORP	77.47	11.11	72.18	77.32	84.48	151.7	30.33	238
ML	12.92	5.786	9.316	12.52	17.09	26.73	0.255	174
λ（*LTCD*）	0.214	0.0874	0.165	0.199	0.270	0.471	−0.0118	244
λ（*NSFR*）	0.101	0.0587	0.0681	0.0992	0.141	0.234	−0.0695	266
GAP（*LTCD*）	−67.95	199.8	−42.03	−26.08	−20.04	1.455	0.318	305
GAP（*NSFR*）	2.016	60.76	−15.67	3.451	30.76	117.1	−441.2	243
ABOVE	0.976	0.451	1	1	1	−8.933	−2218	216
ROA	0.999	0.310	0.837	1.070	1.202	1	−7.305	339
ROE	18.26	4.264	15.69	18.23	20.90	26.17	9.064	295

为防止内生性影响，选取净收入（*NI*）、工商业贷款在贷款中的占比（*CORP*）和住房抵押贷款在贷款中的占比（*MI*）作为银行规模（*SIZE*）的工具变量，并采用Sargen检验确定了工具变量的有效性及合理性。因篇幅有限，本书的相关系数表未列示。检验结果表明，各变量之间的相关系数大部分小于0.5，初步说明自变量之间不存在严重的多重共线性。

6.5.2 实证结果与回归分析

1. 目标比率的决定因素

依据梯若尔（2011）银行流动性的理论决定因素，目标比率$LTCD^*$的决定因素如表6－3所示。银行的流动性受到银行规模、银行资产增长率及银行资本化率的影响。我们预计大型银行的*LTCD*比率较高，即资产负债表流动性较低，由于其可以获得大额购买的流动性解决方案（比如大额代理存款），并且能够投资在必要时及时清算的大额贷款（比如银团贷款）。快速增长的银行将目标设定为较高的*LTCD*比率，因为通过筹集新的核心存款难以达到资产或贷款的快速增长。资本化率较高的银行其*LTCD*比率可能较低，由于在流动性风险较高的情况下运营，需要使用未来所需的流动性。而具有较高特许经营价值的银行可能拒绝边际贷款机会，以控制银行的信用风险和流动性风险。

表6－3　目标比率$LTCD^*$和$NSFR^*$的决定因素

（Panel A：目标比率，GMM回归）

变量	变量描述
ASSETS	银行规模
ln*ASSETS*	银行规模的自然对数
GROWTH	银行资产增长率
EQUITY	权益资产/总资产
NI	净收入
CORP	工商业贷款/贷款总额
ML	住房抵押贷款/贷款总额

2. 调整速度的决定因素

银行调整速度对 *GAP* 的敏感性可能取决于银行外部或内部的现有条件。在有利的宏观经济条件下运营的银行能够更快地调整到目标比率。如表 6－4 所示，在 *LTCD* 目标比率之上运营的银行（当 $LTCD > LTCD^*$ 时，*ABOVE* =1），相对于低于其 *LTCD* 目标比率的银行调整速度更快，因为后者更愿意摆脱难以筹集的核心存款。关于银行规模（ln*ASSET*）对调整速度的影响，一方面，规模较大的银行拥有更多的资源，可以更快地调整贷款或核心存款；另一方面，这些资源允许规模较大的银行在短期内远离其贷款或核心存款目标，而不会对其财务绩效产生不利影响，从而降低其调整动机。

表 6－4 调整速度的决定因素
（Panel B：调整速度估计，OLS 回归）

变量	变量描述
ABOVE（*LTCD*）	=1，if $LTCD > LTCD^*$
BELOW（*NSFR*）	=1，if $NSFR > NSFR^*$
GAP（*LTCD*）	$LTCD^* - LTCD$
GAP（*NSFR*）	$NSFR^* - NSFR$
ln*ASSETS*	银行规模的自然对数

3. 回归结果分析

根据贷款与核心存款比率和净稳定资金比率的局部调整模型，使用我国上市商业银行 2000～2015 年的年度数据进行回归估计，Panel A 借鉴布伦德尔和邦德（1998）的研究，使用 GMM 广义矩阵分析法进行估计，以防止银行流动性水平的特殊变化。Panel B 使用 OLS 普通最小二乘法，进行线性面板回归估计，以防止宏观经济、金融市场和监管条件的变化。两阶段回归都包括银行固定效应和时间固定效应。为减少内生性的影响，对自变量作滞后一期处理。为减少异方差的影响，回归分析选取稳健性标准误。模型中 F 值都通过了 1% 水平检验，整体拟合度较好。

从表 6－5 的回归分析中可以看出，Panel A 的目标比率 $LTCD^*$ 估计值的均值为 0.9601，而 *LTCD* 的实际均值为 1.0650，两者相差不大。从调整速度上来看，在其他条件不变的情况下银行将以每年 16.62% 的速度来调整实际比率与目标比率之间的缺口，这也证明了银行通常会设定并管理其 *LTCD* 目标比率。由此可知，*LTCD* 的估计值与银行特性密切相关，从而银行资产负债表流动性在多大程度上受到银行规模、资产增长率以及权益资本的影响。从 *LTCD* 的回归结果可以看出，规模较大的银行其 *LTCD* 较高，即资产负债表流动性较差。若银行资产规模增加 1 倍，$LTCD^*$ 预计增长 22.1%（$0.2354/1.0650\times100\%$）；而银行资产增长率增加 1 倍，目标比率 $LTCD^*$ 将增加 14.5%（$0.1545/1.0650\times100\%$）；如果权益资产占总资产的比率增加 1%，因为其可用的稳定资金减少，则目标比率 $LTCD^*$ 将会降低 0.49%（$-0.5217/1.650\times100\%$）。

NSFR 目标比率和调整速度的估算结果如表 6－5 所示，依据《巴塞尔协议Ⅲ》的 *NSFR* 监管要求，对 2000～2015 年我国上市商业银行的 *NSFR* 进行回溯计算，得出 *NSFR* 实际的均值为 1.285，高于《巴塞尔协议Ⅲ》的最低监管标准 $NSFR\geq1$，也就是说，银行保持着一定程度的流动性缓冲。与 *LTCD* 不同的是，当银行规模、资产增长率等变量增加时，目标比率 $NSFR^*$ 降低，资产负债表流动性也随之下降；权益资产占总资产比率的变化趋势则相反。Panel A 中，*NSFR* 向目标比率 $NSFR^*$ 的调整速度为 0.0597，低于 *LTCD* 向目标比率 $LTCD^*$ 的调整速度 0.1662。Panel B 中，$\ln ASSETS\times GAP$ 在 *NSFR* 的模型中显著为负，而在 *LTCD* 的模型中则是显著为正，表明银行规模越大，其调整速度越快。$ABOVE\times GAP$ 显著为正，说明 *LTCD* 比率越高，资产负债表的流动性越差；$BELOW\times GAP$ 显著为负，则说明净稳定资金比率越高，银行资产负债表的流动性越强。

表6-5　*LTCD*和*NSFR*的目标比率与调整速度回归估计结果

	(1) 季度 *LTCD*	(2) 季度 *NSFR*
Panel A：目标比率（GMM回归）		
$\ln ASSETS_{t-1}$	0.2354 (0.92)	3.3999*** (5.54)
$LTCD_{t-1}$	0.8338*** (23.02)	
$NSFR_{t-1}$		0.9403*** (18.40)
$GROWTH_{t-1}$	0.1545*** (2.89)	1.1271*** (9.07)
$EQUITY_{t-1}$	-0.5217* (-1.67)	0.6906 (1.05)
常数项	17.5070*** (2.86)	-70.0957*** (-5.29)
平均目标比率	0.9601	1.285
平均实际比率	1.0650	1.290
λ（调整速度）	0.1662	0.0597
N	162	162
R^2	0.8317	0.7266
$adjR^2$	0.8274	0.7196
Panel B：调整速度估计（OLS回归）		
GAP_{t-1}	0.2154 (0.93)	-0.2816 (-1.07)
$\ln ASSETS_{t-1} \times GAP_{t-1}$ (Z1)	0.0276** (1.34)	-0.0127* (1.89)
$EQUITY \times GAP_{t-1}$ (Z3)	0.0060*** (3.22)	-0.0262*** (-2.82)
$GROWTH \times GAP_{t-1}$ (Z4)	0.0315*** (3.69)	0.0036** (1.99)
$ABOVE_{t-1} \times GAP_{t-1}$	0.3872*** (3.19)	

续表

	(1) 季度 *LTCD*	(2) 季度 *NSFR*
$BELOW_{t-1} \times GAP_{t-1}$		-0.2795*** (4.47)
常数项	-2.2419 (-1.02)	-1.1721 (-1.13)
λ（平均估计值）	0.214	0.101
λ（中位数估计值）	0.199	0.0992
R^2	0.5200	0.1654
adjR^2	0.5107	0.1547
N	212	238
银行数量	32	32

注：括号里为t统计量，* 表示 $p<0.05$，** 表示 $p<0.01$，*** 表示 $p<0.001$。

通过对 *LTCD* 和 *NSFR* 的调整速度与银行绩效的回归结果进行分析（见表6-6），因为 λ 和 λ^2 是由回归得出的估算值，即有可能导致参数估计偏差。模型的可信度基于以下理由：第一，λ 的估计值来自相关系数、流动性目标和调节速度在合理区间内波动的模型；第二，由计量误差引起的典型性偏差是参数估计趋向于零。因此，公式（6.4）的参数估计在统计学上是显著的。

表6-6　*LTCD* 和 *NSFR* 的调整速度与银行绩效回归估计结果（OLS 回归）

	(1) *ROA*	(2) *ROE*
Panel A：*LTCD* 和绩效		
λ	3.9707*** (6.01)	45.7335*** (3.58)
λ^2	-4.8791*** (-3.45)	-91.8077*** (-3.54)
ln$ASSETS_{t-1}$	0.0586*** (4.87)	0.3504* (1.88)
常数项	-0.3818** (-2.04)	8.3669*** (2.79)

续表

	(1) *ROA*	(2) *ROE*
N	243	234
银行数量	32	32
R^2	0.2875	0.0798
$adjR^2$	0.2785	0.0678
F	32.1411***	6.6476***
	(3) *ROA*	(4) *ROE*
Panel B：*NSFR* 和绩效		
λ	-0.3766 (-0.68)	18.6777** (2.22)
λ^2	-9.4323*** (-3.60)	-42.8452 (-1.07)
$\ln ASSETS_{t-1}$	0.0297*** (2.66)	0.3406* (1.97)
常数项	0.7996*** (5.33)	12.1166*** (5.23)
N	264	255
银行数量	32	32
R^2	0.2698	0.0674
$adjR^2$	0.2614	0.0562
F	32.0289***	6.0456***

注：括号里为t统计量，*表示 $p<0.05$，**表示 $p<0.01$，***表示 $p<0.001$。

LTCD 的调整速度与银行绩效 *ROA* 和 *ROE* 呈倒“U”型关系，也就是说，存在一个最优的调整速度平均值。当外界因素影响银行资产负债表的流动性时，目标比率的调整速度越快，银行绩效也会随之上升；达到最优值后，银行绩效反而会随着调整速度的增加而下降。因此，调整速度在最优值附近波动会使银行绩效最大化。*NSFR* 的调整速度与银行绩效 *ROA* 和 *ROE* 也呈倒“U”型关系，表明银行绩效并不会随着调整速度的增加而线性上升，因此，找到最佳的调整速度是我们所追求的目标，此时银行绩效

实现最大化。

6.6 本章小结

通常情况下，银行资产负债表需要维持一个相对平衡的流动性水平，这样才能保证银行的正常运营。但是，当银行的运营受外界因素影响而偏离其目标比率后，应该以什么样的调整速度重新建立新的资产负债表的流动性，本章通过对 *LTCD* 和 *NSFR* 的调整速度与银行绩效进行回归分析及实证检验，得出以下研究结论与政策启示，具有重要的理论意义与实践指导意义。

主要研究结论有以下两个方面。（1）通过估算传统的衡量银行资产负债表流动性水平的 *LTCD* 的目标比率 $LTCD^*$，发现 *LTCD* 的调整速度与银行绩效之间呈倒“U”型关系，也就是说，随着 *LTCD* 向目标比率 $LTCD^*$ 的调整速度 λ 的增加，银行绩效随之上升，当达到一定程度后，银行绩效会随之下降。（2）引入《巴塞尔协议Ⅲ》新的监管指标 *NSFR*，因 *NSFR* 与 *LTCD* 在构成与理念上都很类似，因此，对于银行资产负债表的流动性管理实践的影响不是很大，*NSFR* 的调整速度与银行绩效的变化趋势也是呈倒“U”型关系，即 *NSFR* 的调整速度在一定范围内使得银行财务绩效达到最优值，也就是说，实施新的流动性监管指标 *NSFR* 后对银行资产负债结构的影响不太大，实践中具有可操作性。

政策启示有以下两个方面。（1）由于流动性监管是一个相对短期的现象，使用银行季度观察值的替代数据集来估计其基准模型更加能够真实反映银行资产负债表的流动性风险状况。而本章受限于数据的可获得性，使用的是年度数据未能使用季度数据进行回归分析，是本章的一大局限性问题。（2）对于规模较大的银行来说，通过调整资产负债表的流动性来满足 *NSFR* 标准，由于其市场化程度较高且融资途径较之中小银行更为丰富，当其流动性目标遭受冲击时，有着更多的流动性资金来源，具有较强的调整能力。因此，可以在实际操作中将其流动性监管标准设定得相对低一些，后续研究中将就此展开进一步深入的探讨。

第7章

商业银行流动性风险信息披露的案例研究

近年来，随着金融市场化改革和全球化的不断深入，我国商业银行面临的内外部经营环境发生了深刻变化，监管机构和商业银行都面临着较大的流动性风险隐患，流动性风险问题变得较之于以往更为复杂，这也促使监管机构加快了《巴塞尔协议Ⅲ》流动风险监管指标在各家商业银行落地实施的进程，推动了我国商业银行对流动性风险管理和流动性风险信息披露制度的进一步完善。本章针对我国商业银行流动性风险信息披露、流动性风险监管和管理的现实状况，结合国内一家颇具代表性的大型商业银行在流动性风险信息披露方面的具体实践，对我国商业银行流动性风险管理与流动性风险信息披露状况予以概述和梳理。

7.1 我国商业银行流动性风险监管实践

7.1.1 我国商业银行构成体系

1. 我国商业银行构成体系

我国商业银行体系的构成包括国有商业银行、股份制商业银行（国有控股和非国有控股）、城市商业银行、农村商业银行、外资银行五大类。目前，我国共有32家上市商业银行，5家国有商业银行、12家股份制商业银行和15家城商行。根据金融稳定理事会（Financial Stability Board，FSB）于2016年11月发布的全球系统重要性银行名单，全球共有30家银行上榜，我国的中国工商银行、中国农业银行、中国银行、中国建设银行四家大型国有商业银行继2015年后再次被列为全球系统重要性银行。同时，中国工商银行、中国农业银行、中国银行、中国建设银行和交通银行也被银监会认定为中国系统重要性银行。这五大国有商业银行无论在资产规模还是相互关联度方面，都在我国金融体系中起着举足轻重的作用。

2. 银行流动性风险与各类风险的关系

巴塞尔银行监管委员会在《巴塞尔协议Ⅱ》中要求将商业银行资产负债表内表外资产划分为交易账户（trading accounts）和银行账户（bank accounts）两大类。交易账户记录的是银行为交易目的或规避交易账户其他项目的风险而持有的可以自由交易的金融衍生产品（financial derivatives）和交易组合（trading portfolio）；银行账户包括投资组合（investment portfolio）、存款业务（deposit service）和贷款业务（loan business）。

从商业银行流动性风险的形成机理来看，流动性风险并不完全是由流动性资产和负债的安排不当直接引起的，商业银行运营过程中信用风险、市场风险和操作风险等各类风险如果长期得不到有效控制，不断积累并相互作用，最终往往会以流动性风险的形式爆发出来。这表明流动性风险和其他各类风险有着非常密切的联系，各类风险最终都有可能转化成流动性风险，使得银行陷入支付危机。

7.1.2 我国商业银行流动性风险监管的现状

1. 我国商业银行流动性风险监管的实施背景

20世纪后期，伴随着我国的改革开放，我国的商业银行体系逐步开始

 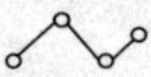

建立和完善，而真正意义上的商业银行流动性风险监管直到 20 世纪 90 年代才出现。进入 21 世纪以来，尽管国际形势发生了剧烈的变化，中国经济却保持了长期的中高速增长，一段时间内，特别是从 2004 年起，我国出现了较为严重的流动性过剩问题，而 2007 年爆发的美国次贷危机和随后席卷欧洲的债务危机，令全球银行业经历了前所未有的考验，我国的银行业也未能独善其身，受到了很大的冲击，受危机的影响，我国金融市场的流动性开始由过剩变为不足。

而在国内，长期以来，我国商业银行的主要业务收入来源于吸收存款和发放贷款，赚取存贷利息差，并且长期处于较高存贷利息差的环境下，银行在资金来源和资金运用上更多地依赖于存贷期限错配，事实上积累了大量的流动性风险隐患。但是，由于国家隐性担保制度的作用，加之我国的商业银行一直处于流动性相对较为充足的宏观经济环境下，商业银行的流动性风险问题并没有得到有效重视。2008 年全球金融危机爆发之前，从金融监管的角度来看，监管机构对于我国商业银行流动性风险的监管方式更多的是采用传统的指标考核加以管理。显然，这种由监管部门制定和出台办法，再由各商业银行统一贯彻执行的监管方式过于死板，未能做到“一行一议”的差异化监管，缺乏必要的灵活性。另外，标准化的监管指标，很大程度上会导致银行的流动性风险管理趋向于同质化，造成银行业禁锢于传统的存贷款业务，加剧了系统性流动性风险发生的可能性。

2. 我国商业银行流动性风险监管的现状

从监管的角度来看，2008 年全球金融危机前，我国对于商业银行流动性风险的监管相对简单粗放，主要依赖于对流动性风险指标进行监管，尽管监管指标的数量和范围在逐步增加，但从总体上来说，我国的流动性风险监管体系还比较单一。金融危机过后，构建更加稳健的金融风险监管，特别是流动性风险监管体系，成为各国金融监管改革的首要任务，在此背景下，我国监管机构深刻地意识到流动性风险监管的重要性，于 2009 年 3 月加入巴塞尔银行监管委员会，成为其会员国。在此期间，我国银行监管机构和商业银行充分学习和借鉴西方发达国家的先进经验，深刻总结国内银行业流动性风险监管方面暴露的不足，为了进一步健全我国商业银行流动性风险监管框架，银监会积极推动《巴塞尔协议Ⅲ》流动性风险监管新规在我国商业银行的实施落地，并陆续推出一系列流动性风险监管改革文件和办法，银监会在《商业银行流动性风险管理办法》中对商业银行流动性风险的管理提出了明确的指导意见，在该办法提出的框架指引下，到目前为止，我国商业银行已初步建成了与自身银行规模及业务发展模式相匹配的流动性风险管理体系。

从商业银行的角度来看，主动进行流动性风险管理和被动接受监管机构的监管有很大不同，尤其是会对商业银行的日常经营和业务发展方向产生不同的影响。在我国，目前的监管模式主要还是以被动监管为主。作为监管机构的银监会，由于对各家商业银行的具体业务了解有限，往往会选择一些相对单一且易于操作的监管指标对商业银行进行监管，而商业银行为了应对监管，通常会采取一些短期行为，而事实上流动性风险的隐患并未真正消除。一直以来，由于我国储蓄存款相对稳定，国有商业银行又有政府提供的信用担保，各商业银行对流动性风险管理的意识不足，加强流动性风险监管的自觉性也较低，而与此相对应的，就流动性风险监管来说，我国商业银行普遍都存着公司治理结构和内部风险控制机构不健全等问题。

近年来，特别是2008年全球金融危机之后，随着我国金融市化改革的不断深入，《巴塞尔协议Ⅲ》流动风险监管指标在我国逐步落地实施，也促使我国商业银行加快了流动性风险监管意识的转变，各商业银行根据巴塞尔协议及银监会发布的管理办法的要求，针对流动性风险的监管，从银行的组织架构、管理制度、信息系统建设上加大投入，积极提高流动性风险监管的主动性，不断提升商业银行在流动性风险识别、计量、监测和控制等方面的能力。

7.1.3 我国商业银行流动性风险监管的具体措施

1. 流动性风险监管相关政策法规

从20世纪90年代起，商业银行流动性风险监管逐步得到我国银行

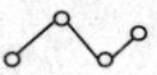

业监管机构的重视，陆续出台了一系列的管理办法与规章制度给予法律和制度层面的支持与指导。受全球金融危机的影响，流动性风险的问题引起了各国监管机构的空前重视，我国监管机构也明确将商业银行流动性风险监管列为重点监管的内容，从 2009 年后银监会出台流动性风险相关管理办法的密度就可以感受到，据不完全统计，从 1994～2017 年，全国人大和银行监管机构出台的与流动性风险相关的法律法规文件约 16 部，而仅在 2009～2017 年的 8 年间，银监会关于流动性风险管理的相关文件就有 7 部。我国近年来颁布的流动性风险相关政策法律规范如表 7－1 所示。

表 7－1　　涉及商业银行流动性风险监管的法律规章

发布时间	发布机构	法律、法规及政策名称	与流动性风险相关的内容
1994. 2. 15	中国人民银行	《关于商业银行实行资产负债比例管理的通知》	明确将资本充足率为核心的风险管理和流动性管理提升为管理重心
1995. 7. 1	全国人民代表大会	《中华人民共和国商业银行法》	明确规定商业银行存贷款比不超过 75%，流动性比例不低于 25%
1996. 12. 12	中国人民银行	《商业银行资产负债比例管理监控、监测指标和考核办法》	围绕商业银行负债比例管理，规定了一系列关于流动性的监控性指标
1998. 2. 10	中国人民银行	《防范和处置金融机构支付风险暂行办法》	金融机构支付风险的自我防范与化解、监控与救助
1998. 3. 25	中国人民银行	《关于改革存款准备金制度的通知》	合并准备金存款和稷地金存款账户，法定存款准备金率和准备金利率下调
2002. 5. 21	中国人民银行	《商业银行信息披露暂行办法》	商业银行应披露各类风险和风险管理情况，包括流动性风险
2002. 9. 18	中国人民银行	《商业银行内部控制指引》	应当建立风险管理系统，对各类风险包括流动性风险进行持续的监控
2004. 9. 18	中国银行业监督管理委员会	《股份制商业银行风险评级体系（暂行）》	借鉴国外先进的风险评级体系，对流动性风险进行定性和定量的评估
2006. 1. 1	中国银行业监督管理委员会	《商业银行风险监管核心指标（试行）》	界定了流动性比例、核心负债比例和流动性缺口率等流动性风险的核心指标

续表

发布时间	发布机构	法律、法规及政策名称	与流动性风险相关的内容
2009. 10. 29	中国银行业监督管理委员会	《商业银行流动性风险管理指引》	要求各商业银行提高对流动性风险的重视程度，并且明确了各商业银行在流动性管理中需要遵循的原则，对流动性管理的管理体系、具体的管理方法和技术手段也提出了要求，其目的是使得商业银行在保持充足的流动性的情况下安全稳健运营
2013. 10. 11	中国银行业监督管理委员会	《商业银行流动性风险管理办法（试行）》	该管理办法将巴塞尔流动性风险监管新规与我国银行业自身实际情况相结合，对我国流动性风险监管和管理提出了新要求，规定流动性覆盖率、存贷比和流动性比例三项为流动性风险监管指标
2014. 6. 30	中国银行业监督管理委员会	《中国银监会关于调整商业银行存贷比计算口径的通知》	废除了 1995 年颁布《中华人民共和国商业银行法》中“贷款余额与存款余额的比例不得超过百分之七十五”的上限规定
2015. 12. 21	中国银行业监督管理委员会	《商业银行流动性覆盖率信息披露办法》	明确经过银监会批准实施资本计量高级方法的银行（以下简称“高级法银行”）应当按照发布财务报告的频率，在财务报告中或官方网站上披露流动性覆盖率信息，并对披露的一些细项做了明确规定
2016. 9. 30	中国银行业监督管理委员会	《银行业金融机构全面风险管理指引》	参考巴塞尔《有效银行监管核心原则》并借鉴国际经验，是我国银行业全面风险管理统领性、综合性原则，包括风险治理架构，风险管理策略、风险偏好和风险限额，风险管理政策和程序，管理信息系统和数据质量，内部控制和审计，监督管理及附则，强调银行业金融机构按照匹配性、全覆盖、独立性和有效性的原则，建立健全全面风险管理体系，并加强外部监管
2016. 11. 23	中国银行业监督管理委员会	《商业银行表外业务风险管理指引（修订征求意见稿）》	明确了商业银行表外业务风险的治理架构、风险管理、信息披露、监督管理，强调商业银行按照全覆盖、分类管理、实质重于形式、内控优先、信息透明的原则建立健全表外业务风险管理体系，加强表外业务风险管理，规范开展表外业务，并加强外部监管

续表

发布时间	发布机构	法律、法规及政策名称	与流动性风险相关的内容
2017.12.6	中国银行业监督管理委员会	《商业银行流动性风险管理办法（修订征求意见稿）》	修订的主要内容包括以下三个方面。一是新引入三个量化指标。其中，净稳定资金比率适用于资产规模在 2000 亿元（含）以上的商业银行，优质流动性资产充足率适用于资产规模在 2000 亿元以下的商业银行，流动性匹配率适用于全部商业银行。二是进一步完善流动性风险监测体系。对部分监测指标的计算方法进行了合理优化，强调其在风险管理和监管方面的运用。三是细化了流动性风险管理的相关要求，如日间流动性风险管理、融资管理等

资料来源：根据中国银行业监督管理委员会、中国人民银行等发布的制度规范整理而成。

2. 最新修订的《商业银行流动性风险管理办法》修订说明

在巴塞尔银行监管委员会公布的《巴塞尔协议Ⅲ》新的流动性监管标准的基础上，2016 年 9 月，银监会又对《商业银行流动性风险管理办法》（以下简称《办法》）进行了相应的修订，对商业银行流动性风险监管提出了明确的指导意见，主要内容包括以下四个方面。

（1）定性监管与定量监管相结合。修订后的《办法》，首先在定性要求方面对商业银行流动性风险管理进行了充实和完善，针对日间流动性风险管理，强调稳定性融资来源的多元化。给出优质流动性资产充足率适用的银行确定标准及相应的过渡时间安排，修订后的《办法》还对重要币种的流动性风险管理进行了补充。另外，从定量监管方面，对压力测试、应急计划做出了修改和补充，提高了可操作性和针对性。定性监管与定量监管相结合，为商业银行建立健全流动性风险管理指标提供了明确的指导。

（2）微观审慎与宏观审慎视角相结合。修订后的《办法》强调了要继续加强单个银行流动性风险管理与监管，同时引入宏观审慎视角，要求监管机构和商业银行对宏观经济形势以及金融市场的变化进行跟踪和研究，分析其可能对商业银行体系的流动性产生影响，对整体市场的流动性进行监测和分析，将市场流动性发生重大不利变化可能产生的影响在压力测试中进行模拟，尽可能早发现市场上出现的融资成本提高、流动性紧张等迹象，并及时采取应对措施。

（3）明确商业银行流动性风险管理体系的要求。修订后的《办法》要求商业银行建立流动性风险管理体系，并明确要求流动性风险管理体系应具备的基本要素，包括管理治理结构有效，流动性风险管理策略、政策和程序完善，流动性风险识别、计量、监测和控制手段有效，同时要具备健全的管理信息系统。

（4）加强对商业银行流动性风险的监管力度。监管机构要通过采用非现场监管、现场检查等方式，对照流动性风险监管的定性与定量标准，对商业银行流动性风险状况进行评估，以确定其流动性风险管理是否有效。对评估结果不达标的商业银行责令其纠正整改，严重的可以采取监管强制措施甚至行政处罚措施。当发生影响单个银行或整体市场的流动性事件时，监管机构要与境内外的相关机构密切协调合作，适时启动流动性风险应急预案。

3. 商业银行采取的具体措施

具体针对商业银行而言，各家商业银行要在监管机构统一安排和部署的基础上，从机构设置、方法制度落地、流动性风险管理措施、管理工具、应急计划等方面形成适合各大商业银行自身特色的流动性风险管理体系。

（1）流动性风险组织架构。各商业银行对其流动性风险管理都非常重视，从公司治理层面到具体机构执行层面，总行层面成立董事会领导的风险管理委员会，统筹全行的流动性风险管理工作，分别由风险管理部、法律合规部、财务管理部、授信执行部等职能部门牵头对各类风险进行对口管理，总行到分行自上而下的风险管理机构，理顺各部门职责，进行统一的流动性风险监管。

（2）方法制度落地。根据监管机构颁布的制度和管理办法，各商业银行结合自身特点，参照监管机构发布的各类通知和管理办法来制定各自的

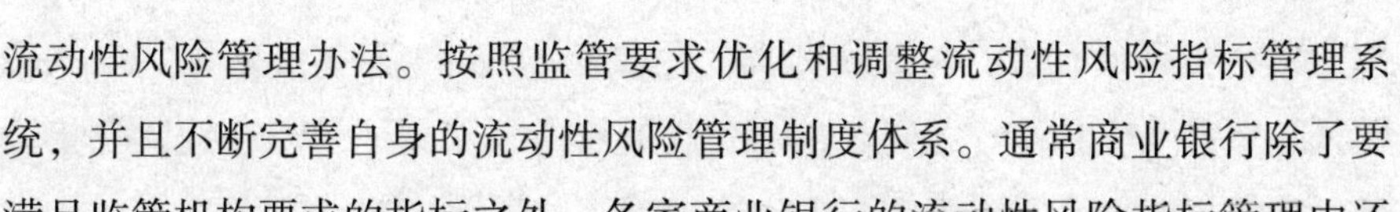

流动性风险管理办法。按照监管要求优化和调整流动性风险指标管理系统，并且不断完善自身的流动性风险管理制度体系。通常商业银行除了要满足监管机构要求的指标之外，各家商业银行的流动性风险指标管理中还包括内部风险监测指标。

（3）流动性管理措施。商业银行高级管理层根据自身在市场中的定位、竞争优势、中长期发展战略以及流动性风险偏好制定适应自身特色的流动性风险管理策略，比如，一部分银行的管理策略以资产流动性管理为核心，而另一些银行的管理策略则是以负债流动性为核心，还有些银行将流动性覆盖率和净稳定资金比率控制在合理水平作为其流动性风险管理策略。

（4）管理工具及方法。针对不同的流动性风险管理目标，我国商业银行采用了不同的流动性管理工具，包括中央银行流动性管理监测分析、到期缺口分析、现金流风险分析、压力测试分析、资产负债的流动性曲线、融资计划和保险策略等。

（5）流动性风险测算和指标监控。目前，我国商业银行都建立了流动性风险管理系统，能够自动生成外部监管指标（如 LCR & NSFR）、内部授权指标以及内部监管指标。流动性风险计量和测算基本上做到了全面和准确，包括资金缺口、流动性资产与债务融资情况等，并且提供按业务条线逐级分配的流动性风险限额和自动预警机制。

（6）优质流动性资产及负债结构分析。在金融行业信息系统处于领先地位的商业银行已经能够动态计算并评价优质流动性资产变现能力，提供资产负债期限结构及其比例变化的数理统计分析结果，提供市值（MV）和在险价值（VaR）的计算能力等。

（7）现金流预测及分析。在微观层面，大型商业银行基于历史数据与目前资产负债状况预计未来资金使用计划生成静态现金流预测。结合现金流风险因子，运用预测模型对不确定现金流进行测算，充分考虑未来的资金配置计划和融资计划等信息因素，最终叠加生成部门级的动态现金流预测。

（8）应急计划。各家商业银行均制定了监管机构要求的流动性风险应急计划，在现金流预测和压力测试的基础上，通过信息技术系统实现流动性风险预警及应急演练，同时，在商业银行内部建立了与流动性风险相关的提前处置策略、管理制度及操作流程等。

7.2 我国商业银行流动性风险管理实践——以B银行为例

2013年，银监会发布的《商业银行流动性风险管理办法（试行）》明确指出，各商业银行应该明确流动性风险管理目标及相应的管理策略，形成与各自规模与业务模式相适应的流动性风险管理体系与治理结构。在该办法的指引下，我国商业银行初步形成了满足流动性风险监管指标为主，其他流动性风险管理工具为辅的流动性风险管理体系。本节以B银行为例简要介绍我国商业银行流动性风险管理的实践状况。

7.2.1 B银行流动性风险现状

1. B银行概况

B银行是一家持续经营超过百年的银行，是我国最具全球化和多元化的大型商业银行之一，为全球客户提供全面的金融服务，业务范围遍及中国内地及海外51个国家和地区。B银行以商业银行业务为主营业务，经营范围涵盖个人金融业务、公司金融业务、金融市场业务，并通过全资或控股子公司开展投资银行业务、保险业务、基金管理、飞机租赁等金融业务。B银行于2006年6月在港交所挂牌上市，同年7月在上交所挂牌上市，成为国内首家“A+H”股上市商业银行。2016年，B银行继2015年后再次入选全球系统重要性银行，成为我国唯一的连续6年入选的金融机构。B银行坚持稳健经营、以稳促进的经营理念，稳步推进业务发展，持续加强内部风险管理及流动性风险管理。B银行的主要财务指标均表现良好，截至2017年6月末，资产总计194259.80亿元，负债合计178981.08

亿元，比上年末分别增长 7.04% 和 7.42%，2017 年上半年实现净利润达 1105.49 亿元，同比增长 3.02%。

2. B 银行流动性现状及流动性披露情况

（1）资产负债结构。2017 年上半年全球经济持续复苏，中国经济运行稳中向好、效益回升，我国政府继续实施稳健的货币政策，更加强调去杠杆与防风险，金融市场呈现开放力度加大、运行规模提速的景象。在此背景下，2017 年上半年 B 银行资产规模达 194260 亿元，其中，客户贷款净额 104265 亿元，占比 53.67%；各类投资 43509 亿元，占比 22.40%；存拆放同业 10756 亿元，占比 5.54%；现金余额 719 亿元，占资产总规模 0.37%。总负债规模达 178981 亿元，其中，客户存款 137321 亿元，占比 76.72%；同业存拆入及对央行负债 28197 亿元，占比 15.75%；其他借入资金 4646 亿元，占比 2.60%；其他负债 8817 亿元，占比 4.93%。总而言之，2017 年上半年，B 银行总体经营情况比较稳健，资产负债结构与 2016 年末相比变化不大。

（2）流动性风险披露情况。在流动性风险管理方面，B 银行不断加强债券投资等优质流动性资产管理，力争实现风险与收益平衡，按照银监会的要求，定期对流动性风险限额进行重检，并定期对流动性压力测试方案进行完善。按季度进行的压力测试的结果显示，在压力场景下 B 银行有足够应对危机情景的支付能力。2017 年 6 月末，B 银行流动性风险指标披露及达标情况如表 7-2 所示。

表 7-2　B 银行流动性风险比例情况

指标		监管标准	2017 年 6 月 30 日	2016 年 12 月 31 日	2015 年 12 月 31 日
流动性比率	人民币	≥25%	50.4%	45.6%	48.6%
	外币	≥25%	53.0%	52.7%	60.2%

资料来源：B 银行财务报表半年报。

然而，2015 年 10 月以后“取消商业银行存贷比限额不得超过 75% 的规定”之后，流动性覆盖率成为主要的监管流动性的监管指标，B 银行 2017 年上半年的合格优质流动性资产达 33943.33 亿元。银监会要求各商业银行季度末流动性覆盖率不得低于 105%，B 银行 2017 年第二季度的流动性覆盖率平均值为 117.22%，较上一季度平均值下降 2.32 个百分点，主要是由无抵（质）押批发融资增长导致压力情景下现金流出的增加所致。表 7－3 是 B 银行 2016 年第三季度到 2017 年第二季度流动性覆盖率平均值的披露情况。

表 7－3　B 银行流动性覆盖率平均值披露情况

项目	2016 年第三季度	2016 年第四季度	2017 年第一季度	2017 年第二季度
流动性覆盖率 LCR 平均值	117.54%	117.17%	119.54%	117.22%

资料来源：B 银行财务报表半年报。

7.2.2 B 银行流动性风险管理实践

作为一家大型多元化商业银行，B 银行长期坚持“安全性、流动性、盈利性”相平衡的“三性合一”原则，B 银行一直以来都非常重视风险管理，早在 20 世 90 年代末就初步形成了本行的风险管理体系。为了更好地控制流动性风险，严格执行监管机构对流动性风险管理的要求，B 银行不断提高流动性风险管理的前瞻性和科学性，持续改进其流动性风险管理体系。在全行层面，强调加强全行整体和分支机构的流动性风险管控，B 银行制定了充分的流动性风险应急预案，按照银监会的要求，定期在全行层面进行流动性风险限额的重检，持续对流动性风险预警机制进行改进。B 银行明确提出流动性风险管理是其资产负债管理和全面风险管理的重要组成部分，在制定经营计划、确定本行资产负债规模以及资产负债结构和期限时，必须充分关注资产流动性和负债来源的稳定性。为了确保流动性的安全，B 银行加强了债券投资等优质流动性资产的管理，确保风险与收益平衡。

1. B 银行风险治理架构

（1）B 银行的风险管理组织架构。B 银行的风险管理组织架构由风险管理决策层和执行层构成。风险管理决策层由董事会领导下的风险政策委员会以及高级管理层（即执行委员会）下设的两个委员会风险管理与内部控制委员会和资产负债管理委员会组成。风险管理执行层由风险管理部、授信执行部、法律与合规部、司库、财务管理部构成。风险管理决策层负责审定全行的总体风险管理战略以及风险偏好，并负责监督执行层对总行风险战略的贯彻执行情况。风险管理执行层则负责对决策层制定的相关政策和措施的贯彻落实，监控银行日常经营产生的风险，指导各风险管理职能部门对各类风险进行日常管理、识别和评估，并发布风险监测报告，同时指导各职能门进行风险控制与预防。

B 银行通过垂直模式对分行的风险状况进行管理，通过窗口模式对业务部门的风险状况进行管理，附属机构则通过附属机构董事会和其下设的风险政策委员会进行风险管理。图 7－1 是 B 银行的风险管理架构图。

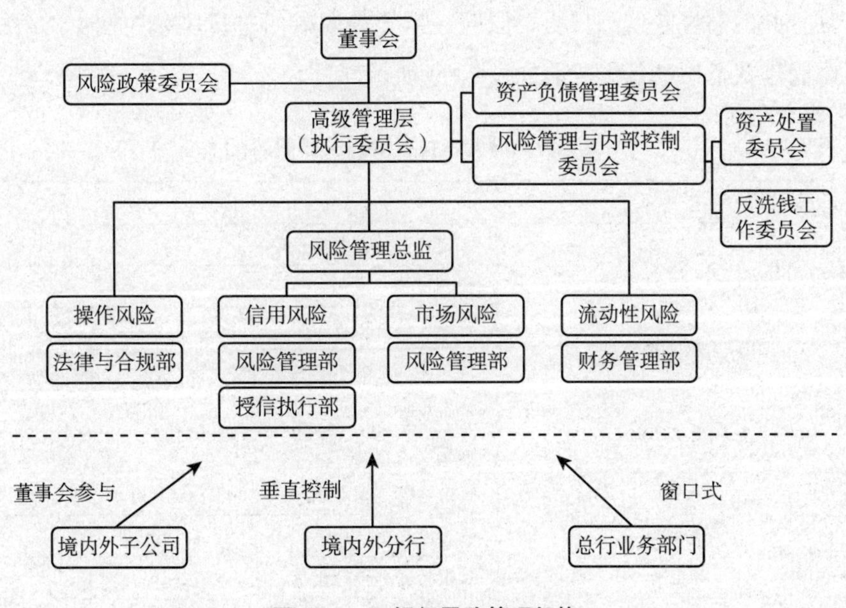

图 7－1　B 银行风险管理架构

（2）B银行风险管理决策层职能。B银行风险管理决策层由风险政策委员会、风险管理与内部控制委员会、资产负债管理委员会组成。B银行风险管理战略的发布、重大风险管理政策和风险管理制度的制定由风险政策委员会审定，风险政策委员会还负责重大风险活动的审查、监控B银行风险管理战略、政策和程序的贯彻落实情况，并向董事会提出建议；审议B银行风险管理状况，定期对B银行高级管理层、风险相关职能部门及机构履行风险管理和内部控制职责的情况进行评估。

风险管理与内部控制委员受行长办公室的委托，负责对全行授信风险管理和内部控制进行研究、审议和决策。职能包括：研究决定有关风险管理和内部控制的重大事项、全行授信风险管理政策的审议与决定、授信风险管理和内部控制长远目标及工作规划的制定、检查监督风险管理和内部控制的执行情况。

（3）B银行风险管理执行层职能。B银行风险管理执行层负责对风险管理决策层制定的相关政策和措施的贯彻落实，监控银行日常经营管理中产生的风险，指导各风险管理职能部门对各类风险进行日常管理、识别和评估，并发布风险监测报告，同时，指导各职能门进行风险控制。B银行风险管理执行层的具体职能如表7－4所示。

表7－4　　B银行风险管理执行层的主要职能

任务	工作内容
风险管理报告	制定资产负债管理策略
	管理报告
	资产负债管理委员会日程和会议记录
	评估流动性缺口和利率风险报告
	情景规划和分析
	利息收入预计
资产管理	管理银行流动性账户，比如大额转让存单、票据等
	管理浮息票据账户
	对银行资本进行投资
资产负债管理	收益曲线分析
	货币市场交易

续表

任务	工作内容
融资策略	流动性策略
	管理融资和流动性风险
	确保融资来源多样化
	管理资金融出
风险管理	制定套期保值政策
	利率风险暴露管理
	运用现金和衍生工具执行套期保值政策
内部司库功能	制定转移定价系统和水平
	为集团内部实体融资
	计算资本成本

（4）B 银行各类风险管理职责安排。根据 B 银行风险管理委员会统一制定的流动性政策和管理策略，全行的各类风险管理在组织架构、操作流程中的安排如表 7－5 所示。

表 7－5　　　　各类风险管理具体职责

风险类型	管理部门	具体职责
全面风险管理	风险管理部	风险管理部是具体实施风险管理的牵头组织部门
信用风险管理	风险管理部	负责拟订相关风险管理政策和程序，对整体信用风险进行归集和汇总，按照一定的频度向管理层、风险政策委员会提交风险管理报告；负责对境内外分支机构的超权限授信业务进行尽责审查、授信评审和按程序审批或报批；新资本协议实施规划协调办公室挂靠风险管理部
	授信执行部	负责授信发放审核、贷后监督、押品管理、信贷档案管理、客户信息维护及不良资产清收、资产损失核销、已核销呆账管理工作；负责全辖的系统管理和业务指导
市场风险管理	风险管理部	负责拟订市场风险管理政策和程序，对整体市场风险进行归集和汇总；按照一定的频度向管理层、风险政策委员会提交风险管理报告
流动性风险管理	财务管理部	实施流动性风险管理的牵头组织部门；拟定流动性管理的政策和制度，制定流动性风险衡量标准和分析方法；监测各项流动性指标和限额的执行情况
操作风险管理	法律与合规部	牵头负责本行内部控制与操作风险管理框架的建立和实施；制定本行的内控规划和内控基本制度并督促实施；建立并组织实施操作风险管理体系

（5）B 银行风险管理治理结构的组织特征。B 银行风险管理组织结构的特点是在全行建立矩阵式的管理及操作结构，在二级分行以上的各级机构设立风险管理部门，采取纵向条线管理和横向业务管理相结合的条块管理制度，风险管理报告路径为纵横双线报告，与风险管理相关联的标准化业务操作流程由各风险管理条线负责，业务操作流程的落地实施由业务模块（即业务单元）负责。具体的机构设置、派驻、报告及业务介入情况如表 7－6 所示。

表 7－6　　　　　机构设置、派驻、报告及业务介入情况

管理要求	具体情况
风险管理部门设置机构层级	风险管理部设置到二级分行
风险管理派驻机构及职责	未实行派驻制管理模式
风险报告路径	双线报告，向上级风险管理部门报告的同时报本级高管层
业务流程管理	风险管理部介入具体信贷业务流程，主要承担独立尽职审查、信贷质量监控、资产分类和分行审批核准等职责

2. B 银行流动性风险管理

（1）B 银行的流动性风险管理目标。B 银行在其流动性风险管理框架中明确提出，通过建立适时、合理、有效的流动性风险管理机制，对全行各类业务中可能存在的流动性风险做到充分识别、有效计量，持续监测并加以适当控制，将流动性风险控制在可承受的风险范围内，确保以较低的成本，保持充足适度的流动性，满足开展业务的正常资金需求，随时满足客户支付需求，兑现客户贷款承诺，维护良好市场信誉，实现足够的流动性，确保安全性、盈利性、流动性的三性统一，推动 B 银行持续稳健运营。

（2）B 银行的流动性风险管理策略。B 银行实行资产负债平衡的管理策略，强调流动性资产管理和流动性负债管理并重。一方面，灵活应对各阶段资金需求，保持适当规模的高流动性资产组合配置。另一方面，保持负债结构的合理性和稳定性，提高核心存款占比，提高融资渠道的稳定

 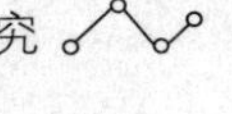

性。保持融资渠道和方式的多元化，减少对单一客户以及大额负债的依赖。建立各期限流动性缺口的补充机制，尤其是中长期流动性的补充机制，改善期限结构错配状况。定期评估发行股票、债券或引进协议存款等补充流动性的能力和成本。

（3）B 银行的流动性风险管理措施。B 银行流动性风险管理措施参照《商业银行流动性管理办法》制定，主要包括以下六个方面。

一是流动性风险限额管理。B 银行按照自身规模和性质以及流动性风险偏好结合外部市场情况，制定流动性风险限额管理政策，设定相应限额并定期监控和评估。

二是集中度风险管理。按照资产负债管理的分散性原则，对表内、表外资产负债的品种进行集中度风险监测和预警，防止资产和负债过于集中。

三是现金流量管理。B 银行的资产负债管理系统，通过现金流动和期限错配情况的计量监测，能够及时发现融资缺口，可以有效地预防对于短期流动性供给过度依赖的情况。

四是流动性压力测试。B 银行已建成并在持续完善流动性风险管理系统，实现了按季度对全行在极端情况下流动性缓冲资产状况和市场融资能力的压力测试功能。

五是流动性应急计划。包括正常市场条件和压力条件下的流动性应急计划，涵盖了应对突发事件或极端情况下的应急措施，通过设定监控预警指标、启动相应的应急方案以达到快速发现和及时化解流动性风险的目的。

六是流动性管理信息系统。B 银行已建成并在持续完善流动性风险管理信息系统，能够帮助 B 银行准确、及时、持续地计量、监测其流动性风险状况。

3. B 银行流动性风险管理流程

（1）B 银行流动性风险管理相关部门职责。B 银行的流动性风险管理由财务管理部负责，司库、公司金融业条部、个人金融业务部、信息管理部和信息科技部、境内外分支机构协同配合。各业务部门和层级机构的主要职责如表7－7所示。

表7－7　　B银行流动性风险管理部门职责

管理部门	职责
财务管理部	• 拟定流动性风险管理政策，提交高级管理层和董事会审核批准。 • 负责集团流动性风险的识别、计量和监测，测算可承受的流动性风险水平。 • 测算和分析正常及压力情景下未来不同时间段的资产负债期限错配、融资来源多元化和稳定度、优质流动性资产状况等，并制定集团融资策略。 • 测算并监管集团优质流动性资产规模，必要时协调相关部门采取相应措施，确保优质流动性资产保持在合理水平。 • 构建流动性风险限额指标体系，监测流动性风险限额遵守状况，及时报告超限额状况。根据监管要求和集团流动性状况对分支机构或主要业务条线设置流动性风险限额，通过流动性风险限额等手段，有效传导集团流动性风险偏好。 • 拟定压力测试实施细则，组织实施压力测试，并根据测试结果提出管理建议。 • 拟定流动性应急预案，组织流动性风险应急计划的测试和评估，确保各项措施顺利实施。 • 识别与评估新产品、新业务和新机构中所包含的流动性风险，审核相关操作和风险管理程序。 • 定期提交独立的流动性风险报告，及时向高级管理层和董事会报告流动性风险水平、管理状况及其重大变化。 • 拟定流动性风险信息披露内容，提交高级管理层和董事会审批。 • 协助完善涉及流动性风险管理内容的管理信息系统
司库	• 统筹负责集团流动性组合日常管理工作，制定流动性管理策略、制度和流程，控制流动性风险。 • 负责现金流管理，建立现金流测算和分析框架，有效计量、监测和控制未来各个时间段的现金流缺口。 • 管理集团优质流动性资产，保持合理的优质流动性资产规模和结构，确保其在压力情景下能够及时满足银行流动性需求。 • 负责管理本外币流动性组合，确定合理的流动性组合规模和备付水平。 • 负责市场化融资，并对市场化融资品种、期限、币种等方面进行管理和控制。 • 协助市场风险管理部加强市场化融资抵（质）押品管理。 • 识别与评估新产品、新业务和新机构中所包含的流动性风险
信息管理部和信息科技部	• 建设和完善流动性风险管理信息系统，及时提供流动性风险管理所需的数据和信息

续表

管理部门	职责
境内分行	• 贯彻执行集团流动性风险管理政策和相关制度，负责本机构及辖内资产负债业务发展及流动性风险管理。 • 制定本机构的流动性风险管理制度。 • 负责本机构流动性风险的日常管理工作，进行流动性风险状况限额指标执行情况的识别、计量、监测和管制。 • 及时、准确预报资金头寸，将备付水平控制在合理范围内。 • 及时、准确地报送有关流动性风险管理数据和报告
境外分行	• 贯彻执行集团流动性风险管理政策和相关制度，负责本机构及辖内资产负债业务发展及流动性风险管理。 • 制定本机构的流动性风险管理制度。 • 负责本机构流动性风险的日常管理工作，进行流动性风险状况及限额指标执行情况的识别、计量、监测和控制，确保符合当地监管以及总行的规定。 • 及时准确地报送有关流动性风险管理数据和报告。 • 监测当地市场流动性风险状况，并将监管政策和市场流动性风险状况的重大变动及时报送总行。 • 若当地存在资金转移限制，应该实施单独的压力测试并制定专门的应急预案
附属行及附属公司	• 贯彻执行集团流动性风险管理政策和相关制度，负责本机构及辖内资产负债业务发展及流动性风险管理。 • 制定本机构的流动性风险管理政策和制度。 • 负责本机构流动性风险的日常管理工作，进行流动性风险状况及指标执行情况的识别、计量、监测和控制，确保符合当地监管以及总行的规定。 • 根据流动性并表管理的需要，及时准确地报送有关流动性风险管理信息。 • 监测当地市场流动性状况，并将监管政策和市场流动性状况的重大变动及时报送总行。 • 若当地存在资金转移限制，应该实施单独的压力测试并制定专门的应急预案，并报备至总行财务管理部

（2）B 银行流动性风险管理流程解析。B 银行的流动性风险管理可用图 7－2 所示的拟人化示意图来解释其各业务部门的职能。其中，牵头流动性风险管理的财务管理部相当于大脑，负债拟定流动性风险政策、测算流动性风险水平、拟定流动性风险应急预案、拟定流动风险信息披露内容，是整个流动性风险管理体系的指令发出部门。司库是“银行里的央行”，是银行的资金管理中枢，司库在流动性风险管理过程中起着非常重要的作用。如果资金是银行的血液，则司库是“银行的心脏”，司库通过内部转移计价（FTP）在银行内部吸纳和供应资金，同时，司库又依托货币与资

本市场面向外部交易对手，筹集（拆入）所需资金，投放（拆出）富余资金，在风险管理的三性原则下，保障资金的安全性、效益性和流动性。公司金融条线、个人金融条线和资金条线等各业务条线相当于整个流动性风险管理体系的四肢，流动性风险管理所有措施的最终落实都是通过各业务条线的扩展与收缩来完成。整个流动性风险管理体系的神经系统和免疫系统由科技部门和信息部门负责的各类信息管理系统及监控系统来承担，负责在大脑支配下对流动性风险的感知、识别和控制等。

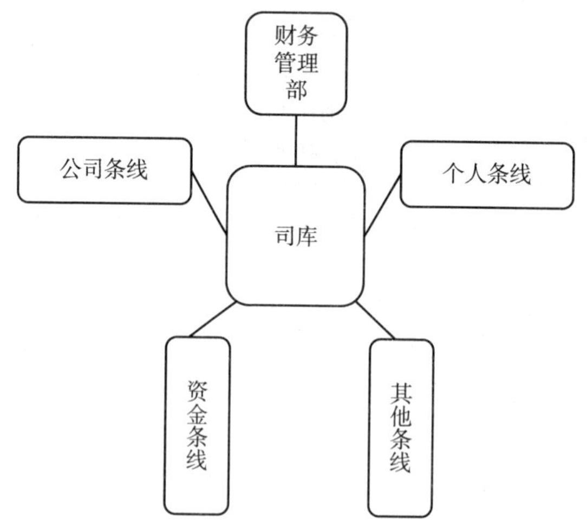

图 7-2　流动性风险管理拟人化示意

7.2.3　B 银行流动性风险管理应用方案介绍

为了更好地应对监管机构对商业银行流动性风险监管及披露要求，以及自身流动性风险管理的需求，B 银行先后建设了资产负债管理系统（ALM）和流动性风险管理系统（LCR）来防范银行流动性风险的产生。本节简要介绍 B 银行流动性风险管理的应用方案。

1. 资产负债管理系统

B 银行资产负债管理系统（ALM）用于评估和管理银行利率风险、执行资产负债表的估值计算、预测净利息收入和净利润等。ALM 的建设与流动性风险管理具有相互关联的关系，ALM 的现金流数据输入流动性风险管理系统作为计算流动性覆盖率的依据。为了实现银行利润最大化，B 银行于 2010 年建设了资产负债管理系统，依托于 ALM，实现了建立完整的资产负债管理体系的目标。B 银行资产负债管理系统提供了包括缺口分析、久期分析、敏感性分析、情景模拟分析等在内的各类风险分析模型方法，为 B 银行精确计算、预测和评估市场风险和结构化风险提供了系统支持。B 银行的 ALM 同时能提供业务收支预测功能，帮助其建立先进的资产负债风险管理框架，成为 B 银行进行各类风险综合计量的基础平台。

B 银行资产负债管理系统的核心是现金流管理，可根据客户行为、外部市场环境改变以及新业务发展进行相应的调整。除标准报表功能外，系统还具有强大的自定义报表的功能，能生成资产负债规模分析、资产结构风险分析、流动性风险分析、利率风险分析、风险预测等业务报表，资产负债管理系统还能量化风险敞口状况，当利率变动时，对风险敞口进行预测。资产负债系统还具有利率分析、客户分析、压力测试等一系列分析模型，通过对客户积累的账户、客户、交易、利率等历史数据进行分析，为 B 银行建立资产负债管理的中长期规划和短期操作提供决策依据。资产负债管理系统的主要功能介绍如下。

（1）流动性缺口。流动性缺口是指现在和未来时点资产和负债的差额。资产负债管理系统提供时点属性的静态缺口、时段属性的边际缺口，并能对资产和负债调整后的流动性缺口进行预测，即通常所说的动态缺口的预测。

（2）利率敏感性缺口。利率敏感性缺口是指按到期日或重定价日期，利率敏感性资产与负债之间的差额，系统可提供计算当前资产负债结构之下的表内、表外业务的边际缺口及累计缺口。

（3）久期缺口。久期，也称持续期，是用于衡量金融工具的利率敏感程度或利率弹性的指标。

（4）净利息收入分析及变动模拟。净利息收入是考核风险因素变动导致的短期收益变化的会计指标。资产负债系统提供净利息收入变动模拟的分析，使用市场价值等指标测算银行所承担的风险。

（5）市场价值、市场风险、利息风险收入。市场价值是资产在交易市场上的价格，是买卖双方竞价后产生的双方都能接受的价格。市场风险是指由于基础资产市场价格的不利变动或者急剧波动而导致衍生金融工具价格或者价值变动的风险。利息风险收入是指银行的周期性受宏观经济的影响较大，当经济处于下行期时，客户还款质量下降，风险准备金增加，同时国家也要通过降息来刺激经济，银行利差收益减少，银行效益就会降低。

2. 流动性风险管理系统

为了满足银监会现有的流动性覆盖率及净稳定资金比率计量框架下对银行集团业务数据“更多维度、更细粒度”的分类要求，并考虑外部监管、内部管理要求的进一步精细化所需的灵活扩展空间，B 银行继资产负债管理系统之后，于 2015 建设了流动性风险管理系统。

在建设流动性风险管理系统之前，B 银行针对全行的流动性风险管理从战略、战术及经营层面作了全面规划。战略层面上来看，从宏观的、长期的流动性风险管理策略出发，提出流动性风险管理与宏观资产负债平衡策略管理保持一致，在流动性监管指标流动性覆盖率、净稳定资金比率合规的基础上，同时考虑战略资产负债组合策略，筹资计划，一般压力情景（如宏观市场波动）下的流动性资金储备策略等。战术层面上来看，从微观的、日常的流动性风险管理角度，考虑资产组合、资金来源和资金运用的匹配程度及流动性缺口，在保证 NII 净利差收益稳定增加并合规的情况下，最优化资金投资策略、组合策略模拟、流动性风险定价因子计量等。经营层面上来看，则提出流动性风险监控是每日流动性指标监控，逐日的现金流入流出监控、大额支付交易监控、系统资金拆借执行情况等压力情景下则需考虑资产变现策略、流动性应急计划等。B 银行流动性风险管理工具框架如图 7－3 所示。

B 银行流动性风险管理系统建设的核心：是基于《巴塞尔协议Ⅲ》的《流动性风险管理办法》中主要的两个监管指标流动性覆盖率和净稳定资金比率（见图 7－4）。流动性覆盖率和净稳定资金比率能直接影响银行的融资

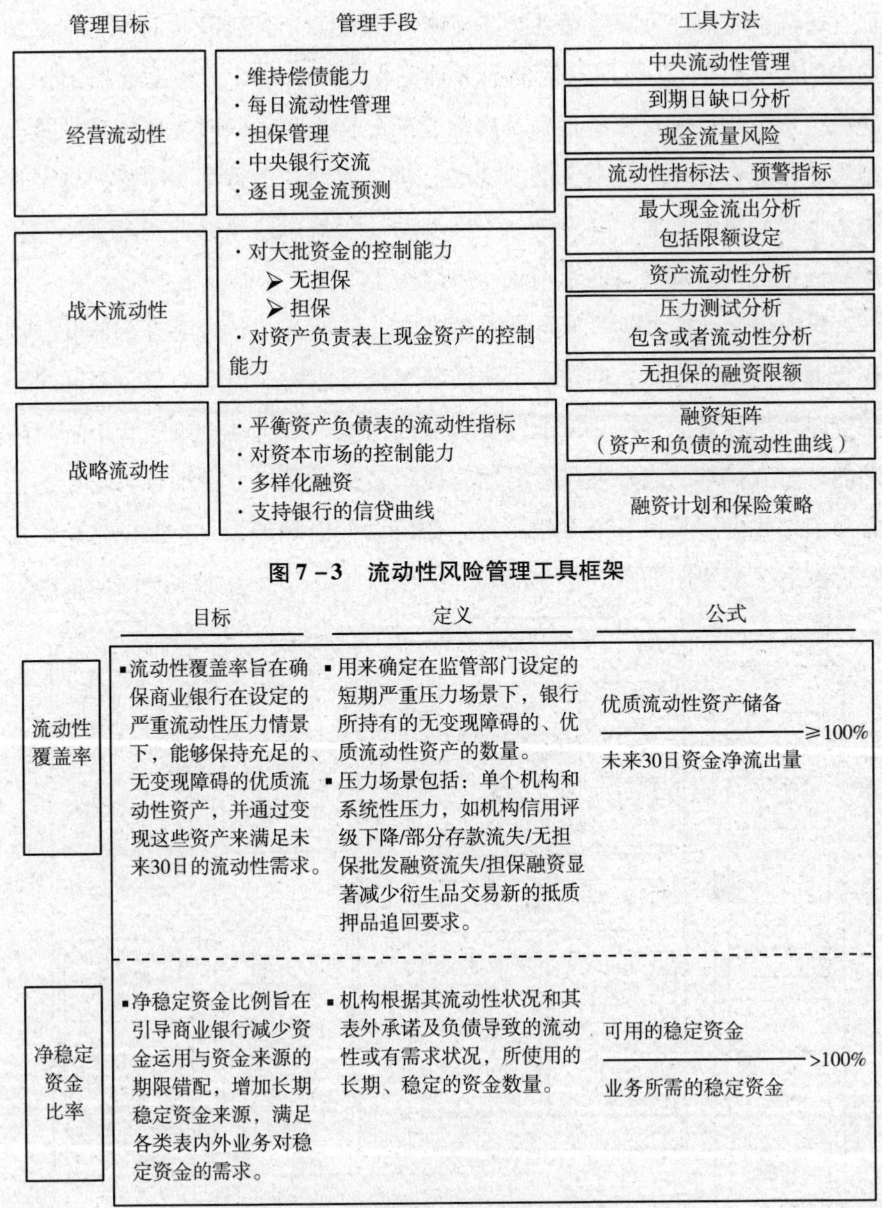

图 7－3　流动性风险管理工具框架

图 7－4　流动性风险管理的核心：
两个重要监管指标流动性覆盖率/净稳定资金比率

成本、盈利能力及其流动性。为实现流动性覆盖率和净稳定资金比率报表的自动化，在满足外部监管要求的同时，提升 B 银行流动性风险管理的自动化水平，降低操作风险，增强计量分析对流动性风险管理的决策支持力度。

B银行流动性风险管理系统基于账户级和头寸级数据（而非其他系统的中间加工数据），按照一定的业务规则聚合，自动生成流动性覆盖率及净稳定资金比率相关监管报表及内部管理分析报表，同时提供流动性覆盖率和净稳定资金比率跨期变动的变动分析、流动性覆盖率和净稳定资金比率多情景测算等功能，并能自动生成流动性覆盖率及净稳定资金比率的披露数据或内部管理需要的结构化、半结构化报告。

B银行流动性风险管理系统的建成，满足了B银行应对外部监管、内部管理的要求和变化，同时满足集团及各分支机构对流动性覆盖率和净稳定资金比率计量的多样化需求，实现了细化的评估流动性风险和市场风险功能，建立科学的流动性风险指标监控和多情景模拟分析平台，满足了监管需求，并进一步提升了B银行统一的流动性管理能力。B银行流动性风险管理系统框架图如图7－5所示。

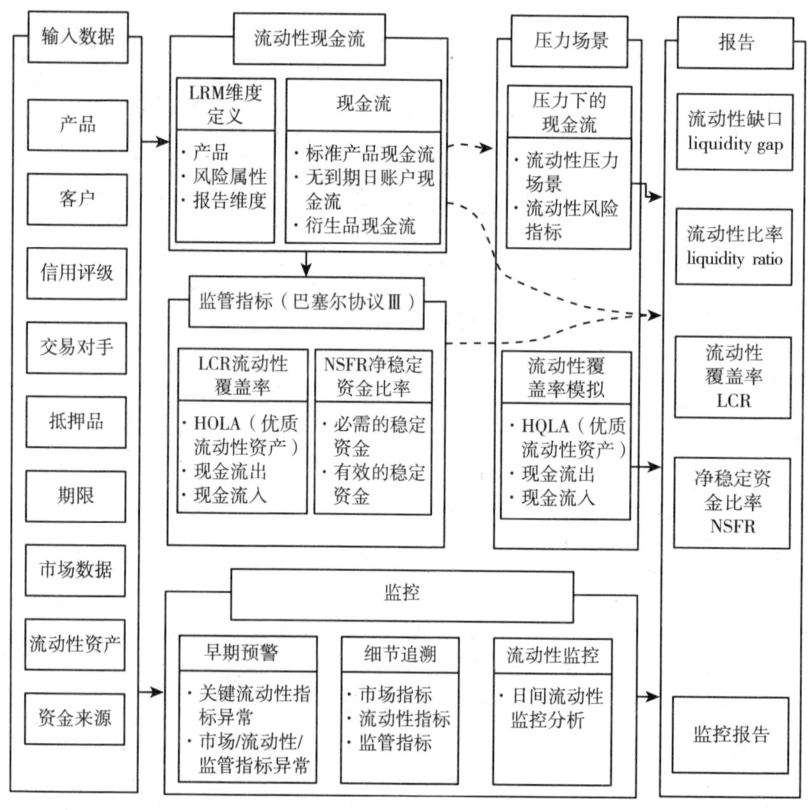

图7－5　流动风险管理系统框架

7.3 B 银行流动性风险信息披露的实证检验分析

本节内容主要依据第 4 章构建的 B 银行流动性风险信息披露指数来衡量其流动性风险信息披露水平，并通过对 B 银行的流动性风险信息披露水平与银行绩效的回归分析进行实证检验，所得出的结论与前文流动性风险信息披露水平对银行绩效的影响研究实证结果相契合，即 B 银行的流动性风险信息披露水平与银行绩效呈“U”型关系，很好地验证了本书的理论假设，说明本书的实证检验结果在实践中具有可操作性。

7.3.1 B 银行流动性风险信息披露的实证检验

为了验证 B 银行的流动性风险信息披露水平是否符合第 5 章的理论假设与模型，对于 B 银行 2009 年第 1 季度至 2016 年第 4 季度的季度数据进行回归分析，得出如下结论：B 银行的流动性风险信息披露水平与银行财务绩效呈“U”型关系，也就是说，B 银行的实证回归结果满足前述章节提出的理论假设，验证了本书的研究假设具备实施条件，在 B 银行流动性风险监管实践中具有可操作性。而对于第 6 章的实证检验分析，由于净稳定资金比率的时间序列数据样本量太少，仅有十几年的历史模拟数据，无法满足计量回归的最低样本量的要求，本书暂不作讨论。

1. 变量选取与模型设计

变量定义与说明。本节的解释变量、被解释变量与控制变量均与第 5 章的变量选取相一致，以保证回归结果的可比性。表 7 – 8 模型变量定义及说明。

表 7-8　　**B 银行变量说明**

变量类型	变量代码	变量说明
被解释变量	*ROAA*	平均总资产收益率
	ROAE	平均净资产收益率
解释变量	*IND*	银行流动性风险信息披露水平的详细情况（流动性披露指数）
	IND^2	银行流动性风险信息披露水平的详细情况（流动性披露指数）
控制变量	*TA*	总资产
	DSTF	存款及短期资金
	NI	净收入
	TCR	总资本充足率
	T1R	核心资本充足率
	ETAR	股东权益/总资产
	CTIO	成本收入比
	NLTAR	贷款净值/总资产
	NLCSTFR	净贷款/客户存款及短期资金
	LACSTFR	流动资产/客户存款及短期资金
	GL	贷款总额
	TCD	总客户存款
	DFB	银行同业借款

2. 模型设计与研究假设

本节主要分析 B 银行资产负债表内定性与定量流动性风险信息披露对银行绩效的影响，通过以下方程式来表示：

$$P_i = \alpha_1 IND_i + \alpha_2 (IND_i)^2 + \sum_{j=1}^{m} \alpha_j (Control) + \varepsilon_i \qquad (7.1)$$

其中，*P* 表示银行绩效；*IND* 表示披露指数；*i* 表示银行；*j* 表示具体的控制变量。

为了检验本书的基本假设，即定性和定量流动性风险信息披露水平与银行绩效呈“U”型关系，本书构建以下 4 个模型对上述理论假设进行检

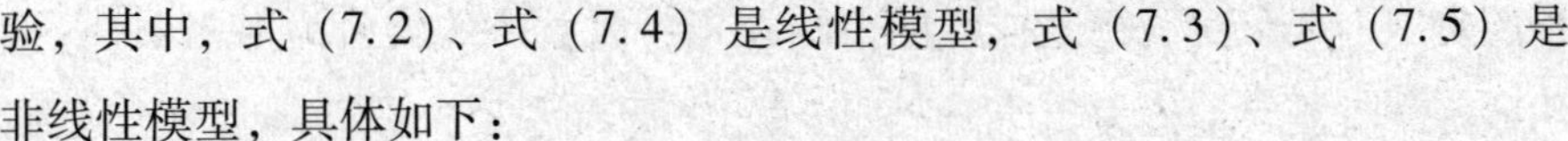

验，其中，式（7.2）、式（7.4）是线性模型，式（7.3）、式（7.5）是非线性模型，具体如下：

$$ROAA_{it} = \alpha_0 + \alpha_1 IND + \lambda_j \sum_{j=1}^{n} Control_{j,it} + \varepsilon \tag{7.2}$$

$$ROAA_{it} = \alpha_0 + \alpha_1 IND + \alpha_2 IND^2 + \lambda_j \sum_{j=1}^{n} Control_{j,it} + \varepsilon \tag{7.3}$$

$$ROAE_{it} = \beta_0 + \beta_1 IND + \lambda_j \sum_{j=1}^{n} Control_{j,it} + \varepsilon \tag{7.4}$$

$$ROAE_{it} = \beta_0 + \beta_1 IND + \beta_2 IND^2 + \lambda_j \sum_{j=1}^{n} Control_{j,it} + \varepsilon \tag{7.5}$$

模型（7.2）和模型（7.4）主要用来检验定性和定量流动性风险信息披露水平与银行绩效之间的线性关系。在模型（7.3）和模型（7.5）中引入二次项，用以讨论流动性风险信息披露水平与银行绩效之间的非线性关系。

并且根据第 5 章的理论分析，提出以下研究假设。

H7.1：定性和定量流动性风险信息披露水平与银行绩效呈“U”型关系，由于金融脆弱性结构的影响银行绩效暂时会下降，随着信息披露机制的成熟，到达一定程度后，银行绩效反而会逐渐上升。

3. 数据来源与样本选择

本节使用的银行财务数据等信息取自 BankScope 数据库，公司治理结构和流动性风险披露信息取自 B 银行网站披露的年度财务报告，样本选择 2009 年第 1 季度至 2016 年第 4 季度的季度数据，共获得 32 个样本观察值。

4. 描述性统计分析

首先，对 B 银行的全部变量进行了描述性统计分析，通过表 7－9 所示的描述性统计结果可以发现，银行的资本充足率均值为 12.4%，核心资本充足率均值为 9.782%，均达到了《巴塞尔协议Ⅲ》的 10.5% 和 8.5% 的最低资本要求。银行的平均总资产收益率（*ROAA*）的均值为 1.287%，平均净资产收益率（*ROAE*）均值为 21.46%，而第 5 章国有上市商业银行和股份制上市商业银行全样本的平均总资产收益率的均值为 1.224%，平均净资产收益率均值为 20.27%，B 银行的平均总资产收益率和平均净资产收益率的均值都略高于全样本银行的平均值。衡量 B 银行流动性风险信息披露水平的核心变量是流动性风险信息披露指数（*IND*），对于流动性风险信息披露指数与银行绩效平均总资产收益率和平均净资产收益率之间的关系进行回归分析。

表 7－9　　B 银行变量描述性统计结果分析

变量	N	平均值	标准差	最小值	最大值
ROAA	32	1.287	0.177	0.818	1.726
ROAE	32	21.46	3.046	13.76	28.68
IND	32	7.745	0.817	6	9.200
IND^2	32	60.64	12.47	36	84.64
TA	32	9.890e+09	5.650e+09	1.330e+09	2.240e+10
DSFT	32	8.770e+09	4.920e+09	1.210e+09	1.930e+10
NI	32	7.730e+07	6.130e+07	5.226e+06	2.760e+08
TCR	32	12.40	1.109	8.310	14.97
ETAR	32	6.115	0.832	3.655	7.941
CTIO	32	33.08	5.311	19.76	49.05
NLTAR	32	50.17	5.433	32.65	59.38
NLCSTFR	32	56.29	6.402	36.13	65.86
LACSTFR	32	23.75	9.832	5.864	53.91
GL	32	5.100e+09	2.980e+09	7.020e+08	1.190e+10
TCD	32	7.560e+09	4.550e+09	9.010e+08	1.650e+10
DFB	32	9.910e+08	4.690e+08	5.620e+07	2.450e+09
T1R	32	9.782	1.211	6.500	12.73

5. 回归结果分析

本节使用 Stata14.0 对 B 银行的样本观察值进行回归估计（见表 7－10）。

表 7-10　　B 银行回归结果

	ROAA		*ROAE*	
	(7.3)	(7.4)	(7.5)	(7.6)
解释变量				
IND	-0.0946 *** (5.95)	0.1445 (0.64)	-1.3631 *** (4.87)	5.4104 (1.38)
IND^2		0.0033 (-0.22)		0.2687 (-1.03)
控制变量				
TA	0 (-0.74)	0 (-0.72)	0 (0.00)	0 (0.05)
DSTF	0 -0.3	0 -0.24	0 (-0.59)	0 (-0.81)
NI	-0.0000 *** (-2.66)	-0.0000 *** (-2.66)	0 (-1.27)	0 (-1.37)
TCR	0.0404 ** -2.27	0.0417 ** -2.21	0.3252 -1.04	0.4343 -1.32
ETAR	0.1590 *** -6.47	0.1592 *** -6.45	-0.3724 (-0.86)	-0.3607 (-0.83)
CTIO	-0.0235 *** (-10.97)	-0.0236 *** (-10.80)	-0.3360 *** (-8.93)	-0.3429 *** (-8.97)
NLTAR	0.0071 -0.31	0.0084 -0.35	0.2992 -0.73	0.4051 -0.96
NLCSTFR	0.0147 -0.69	0.0133 -0.6	0.0204 -0.05	-0.0885 (-0.23)
LACSTFR	0.0074 *** -6.76	0.0074 *** -6.74	0.1295 *** -6.76	0.1291 *** -6.74
GL	-0.0000 *** (-2.97)	-0.0000 *** (-2.71)	-0.0000 *** (-2.58)	-0.0000 ** (-2.08)
TCD	0.0000 *** -3.24	0.0000 *** -3.16	0.0000 *** -3.56	0.0000 *** -3.71
DFB	0 -0.55	0 -0.57	0 -0.77	0 -0.88
T1R	-0.1027 *** (-4.96)	-0.1024 *** (-4.93)	-1.3187 *** (-3.62)	-1.2983 *** (-3.56)
常数项	-0.5064 (-1.60)	-0.6969 (-0.76)	14.2519 ** -2.55	-1.2062 (-0.08)
N	32	32	32	32
R^2	0.7585	0.7596	0.7473	0.7490

注：括号里为 t 统计量。* 表示 $p<0.05$，** 表示 $p<0.01$，*** 表示 $p<0.001$。

（1）模型（7.2）、模型（7.3）回归结果。首先对模型（7.2）进行了检验，当被解释变量为 *ROAA* 时，*IND* 与银行绩效在1%的水平上显著负相关。可以解释为：由于商业银行是经营货币的特殊企业形态，其流动性风险信息披露对于投资者、债权人和公众信心脆弱性的影响刚开始有可能是负面的，当银行流动性风险信息披露水平提高时，银行绩效开始可能会下降。然而，我们引入 IND^2 后（即模型7.3），通过检验发现，模型的拟合程度有所上升，R^2 从0.7585上升至0.7596，并且 IND^2 与银行绩效呈现正相关关系。显然，相比于线性模型，非线性模型具有更强的解释能力。因此，当被解释变量为 *ROAA* 时，*ROAA* 与 *IND* 呈现“U”型关系，验证了本章的基本假设H7.1（见表7-10）：定性和定量流动性风险信息披露水平与银行绩效呈“U”型关系，随着银行流动性风险信息披露水平的提高，银行绩效先是下降，当披露机制成熟并且达到一定程度后，银行绩效会逐渐上升。

（2）模型（7.4）、（7.5）回归结果。当被解释变量为 *ROAE* 时，在模型（7.4）中是一次项披露指数 *IND*，模型（7.5）引入了二次方项后，模型的拟合优度同样是上升的，即 R^2 由0.7473上升为0.7490。这表明引入二次方项的模型解释力更强，并且从一次项的负相关变成了二次项的正相关，从而证明了基本假设H7.1，即定性和定量流动性风险信息披露水平与银行绩效呈“U”型关系。这可以用规模经济来解释，当人员、机构设置及相配套的管理体系水平较低时，成本的增加会超过利润的增加；而当这些设施达到相当规模后，会使成本降低，进而有助于银行利润的提高。

7.3.2 B银行实证检验结论

本节以B银行2009年第1季度至2016年第4季度的季度数据为研究样本，通过对B银行的流动性风险信息披露水平与银行绩效进行回归分析发现，其回归结果验证了前文第5章的理论假说，即B银行的流动性风险信息披露水平与银行绩效也是呈“U”型关系。也就是说，商业银行的流

 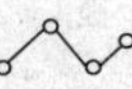

动性风险信息披露在实践操作中具有可行性，及时合理地披露其流动性风险信息会对银行绩效产生积极正面的影响。从长远来看，流动性风险的信息披露不仅能使得外部利益相关者了解银行的风险状况，而且还有利于银行高级管理层加强自身的流动性风险管理，及时发现银行的流动性风险问题，提出防范应对措施。

基于上述分析，从我国商业银行流动性风险信息披露实践来看，金融监管层面、银行层面、投资者和债权人等利益相关者层面对于流动性风险信息披露意识都有着较大程度的提升，为本书研究提供了现实基础。

7.4 案例研究的主要结论

从我国商业银行流动性风险监管实践，以及 B 银行实施流动性风险管理及流动性风险信息披露的案例分析来看，本案例具有以下三个方面的典型意义。

1. 流动性风险管理是商业银行风险管理的重要组成部分

从宏观角度来看，流动性风险管理关系到整个银行体系的稳健性，单个银行的流动性危机如果长期累积就会引发金融行业连锁反应的流动性危机，进而损害整个银行体系的稳健性。

从微观角度来看，流动性风险管理关系到一家银行的持续经营和健康发展，如果银行的流动性风险管理不善，出现资金的流动性需求不能满足，迫使银行高成本举债就会影响银行的安全性和效益性，一旦出现到期不能支付并且诱发挤提风潮，甚至可能造成银行经营失败而破产。

2. 流动性风险信息披露具有积极的约束和引导作用

监管机构制定的流动性风险信息披露制度和标准，对商业银行的经营起到了积极的约束和引导作用。从 B 银行实施流动性风险管理及流动性风险信息披露的实践来看，商业银行为了满足监管报告和信息披露的需要，在组织、流程、技术三大管理要素方面进行了积极的研究和探索，部署实施了相应的管理结构，形成了适合本行经营特点的流动性风险管理体系。B银行在长期的管理实践中，采取矩阵式风险管理组织结构、风险和业务协同一致条块结合的操作流程以及逐步演进和完善的流动性风险管理信息系统等管理方式，实现了行之有效的风险管理机制，极大地降低了流动性风险水平。

3. 流动性风险管理及信息披露是商业银行经营发展的需要

国际银行业在长期的经营实践中，形成了“流动性、安全性、效益性”三性经营原则，这些原则相互关联并且具有协同作用，与巴塞尔协议和监管当局的制度约束在本质上是一致的。B银行经过不断加强流动性风险管理，在以下三方面的经营状况得到了显著改善。

（1）改善了资金的流动性需要。从早期较大规模的资金净拆入，到现在的基本上拆入拆出平衡。

（2）改善了资金的集约化经营程度。资金成本和收益以及流量规模基本保持在合适的水平上，提高了资金的投入产出效率。

（3）改善了内部资金的管理效率和科学性。内部资金往来的定价和调配基本达到了科学合理的水平，对各级机构的经营管理提供了较好的激励和支持。

7.5 本章小结

从我国银行业流动性风险信息披露的实践发展可以看出，我国银行监管机构与商业银行已经充分意识到流动性风险信息披露在银行流动性风险管理中的重要作用。随着《巴塞尔协议Ⅲ》在我国的全面落地推行及银监会《商业银行流动性风险管理办法》的推出，我国银行业监管机构初步对商业银行流动性风险管理和监管以及信息披露制定了相对完善的管理框架。这也促使我国商业银行加快了流动性风险管理意识的转变，各商业银行根据巴塞尔协议及银监会的监管要求，针对流动性风险管理，从银行的组织架构、管理制度、信息系统建设上加大投入，提高流动性风险管理的主动性，不断提升商业银行在流动性风险识别、计量、监测和控制的能力，从而进一步提高流动性风险信息管理及披露水平。

尽管在我国监管机构和各商业银行的不断努力之下，我国商业银行在流动性风险管理和信息披露上取得了长足的进步，但还存在着一些不足之处，主要体现在以下三点。

（1）我国商业银行长期的利润最大化的经营思路与流动性风险防范之间的矛盾导致流动性风险防范意识还仅仅停留在纸面上。

（2）流动性风险管理机制尚不健全，B 银行的风险治理结构一直还保留多年前的架构未变，没有专门的针对流动性风险管理的机构设置。

（3）仍然存在着流动性风险识别指标相对单一、流动性风险披露信息不足等问题。

第8章

研究结论与政策建议

8.1 主要结论

本书对商业银行流动性风险信息披露与银行绩效之间的关系进行实证研究与检验，所得出的结论认为，流动性风险信息披露能够对银行产生积极影响，并且揭示出流动性风险信息披露影响银行绩效的作用机制。这一理论研究成果期待为我国商业银行流动性风险信息披露制度的制定和完善提供新的思路和参考借鉴。本书基于银行绩效视角对商业银行流动性风险信息披露、流动性风险管理以及流动性风险监管进行深入研究，围绕商业银行流动性风险信息披露水平对银行绩效及银行稳定性的影响，以及实施《巴塞尔协议Ⅲ》后净稳定资金比率对银行资产负债结构与银行绩效的影响进行了相关理论分析与实证研究，丰富和拓展了银行流动性风险信息披露方面的相关研究成果，形成如下研究结论。

（1）从长远来看，商业银行流动性风险的信息披露有利于加强银行自身的流动性风险管理，并且会对银行财务绩效产生积极的影响。本书通过构建流动性风险信息披露指数来衡量商业银行流动性风险信息披露水平，并且实证检验了定性和定量流动性风险信息披露与银行绩效之间的关系。研究发现：当银行开始进行流动性风险信息披露的初期阶段，因为流动性风险信息披露对投资者、债权人及公众的信心有一定的影响而导致银行绩效可能会下降，但当披露机制成熟后，提供及时充分的信息反而会使银行绩效上升，增强银行的稳定性，这一情况与实证检验中呈现出的定性和定量流动性风险信息披露水平与银行绩效呈“U”型关系相契合。另外，实证研究还发现，规模相对较大的国有商业银行流动性风险信息披露水平较之于规模较小的股份制商业银行相对要高些，是由于规模较小的银行，披露流动性风险信息需要承担相对更高的披露成本，从而使得流动性风险信息披露的开始阶段对银行绩效的影响较为明显。总体来说，无论银行规模的大小，长期有效的流动性风险信息披露机制都会对银行绩效产生积极的影响。

（2）实施《巴塞尔协议Ⅲ》后净稳定资金比率对银行资产负债结构产生的影响不会太大，因而实践中具有可操作性。《巴塞尔协议Ⅲ》将流动性风险监管提升到与资本充足率监管同等重要的位置，强化流动性风险监管被视为《巴塞尔协议Ⅲ》的一个重要监管进展。而银行传统的衡量银行流动性风险监管的指标是贷款与核心存款比率，《巴塞尔协议Ⅲ》强制要求披露的流动性监管指标净稳定资金比率由于在构成和理念上均与贷款与核心存款比率相类似。因此，本书以相同的局部调整模型分别估算出净稳定资金比率/贷款与核心存款比率的目标比率和调整速度，并进一步研究净稳定资金比率/贷款与核心存款比率的调整速度与银行绩效的关系，通过对比贷款与核心存款比率与净稳定资金比率的调整速度与银行绩效之间的关系，得出贷款与核心存款比率与净稳定资金比率有着类似的回归结果，进而得出实施《巴塞尔协议Ⅲ》后流动性监管新规的强制实施对于我国商业银行原有的资产负债结构会产生一定的影响，但总的影响不会太大，在实践中具有可操作性。研究还发现：贷款与核心存款比率和净稳定资金比率的调整速度与银行绩效呈倒“U”型关系，说明商业银行在流动性风险管理中存在使用银行绩效最优的贷款与核心存款比率与净稳定资金比率目标比率，同时存在实际比率向目标比率靠近并且维持其银行财务绩效达到最优值的贷款与核心存款比率和净稳定资金比率的调整速度。

（3）银行流动性风险信息披露、流动性风险管理与流动性风险监管三者之间有机结合，相互促进，有利于银行及时监控自身的流动性风险。本书以国内某大型商业银行为例，梳理该银行的流动性风险管理流程和流动性风险监管概况，以及引入《巴塞尔协议Ⅲ》净稳定资金比率后对目前该银行流动性风险监管的影响。《巴塞尔协议Ⅲ》强制要求披露的两个流动性监管指标流动性覆盖率和净稳定资金比率虽然没有公开披露，但是均处于监管报送阶段。本书从流动性风险管理的组织架构、流程架构和支撑架构等方面构建一个全面的流动性风险评价体系来实时监控商业银行内部的流动性风险管理和流动性风险信息披露概况，及时了解银行潜在的流动性危机，提出预防应对措施。

（4）通过实证检验的方式验证了实施《巴塞尔协议Ⅲ》时，可根据银行资产规模的不同分别设定不同的净稳定资金比率的监管标准，即对不同资产规模的银行实施差异化监管。目前我国在实施《巴塞尔协议Ⅲ》时对于所有银行要求流动性覆盖率和净稳定资金比率均高于100%，而在实际操作过程中，银保监会要求各商业银行执行的最低比率均高于100%，通常为105%或者更高。本书通过对总资产规模超过5万亿元的10家国内大型国有商业银行及股份制商业银行的设定的净稳定资金比率的目标及其净稳定资金比率向目标值接近的调整速度的实证分析，发现规模较大的银行相对于规模较小的银行能更快速地调整到接近的目标比率，这说明当大型商业银行受到冲击偏离其流动性目标时，他们具有更强的调整能力，这是因为大型商业银行拥有更多的资源，可以更快捷地获得其所需的流动性，也就是说，大型商业银行抵抗流动性风险的能力更强些。另外，大型银行通过调整资产负债结构以满足较高的净稳定资金比率标准对其来讲代价也是相对较为昂贵的。因此，可考虑在保证流动性风险可控的情况（均大于100%）下针对不同资产规模的银行设定不同的净稳定资金比率阈值，尽可能地减少因流动性风险监管而导致银行盈利能力下降，尽管这种下降可能只是短期的。

8.2 政策建议

本书研究发现，在当前国际金融监管环境和商业银行流动性面临紧张局面的情况下，充分有效的流动性风险信息披露有利于投资者、债权人及存款者了解银行的风险概况和经营管理情况，从而使得银行高级管理层及时审视自身的流动性风险管理，及时关注银行的流动性风险问题，进而有利于银行的稳健经营，从流动性风险监管与流动性风险管理的角度来完善银行的流动性风险信息披露机制。基于上述研究结论，提出本书的政策建议如下。

（1）针对流动性风险信息披露监管指标体系的健全、商业银行流动性风险信息披露情况如何有效的评价的问题，本书运用的商业银行流动性风险信息披露定性定量指标构建了一套行之有效的反映银行流动性风险信息披露水平的评价体系。构建过程要遵循以下原则。

一是指标的选择要具有相关性，即能准确地反映流动性风险信息披露的范围及成效；二是指标的选择要具有可操作性，即指标要有确切的数据来源，时间上具有连续性，内容上具有可比性；三是指标的选择要具有针对性，即针对我国商业银行流性风险信息披露的国情设计，并且明确相关指标的权重以提高流动性风险信披露水平评价的精确性。根据上述原则选定的评价银行流动性风险信息披露水平的具体指标如表 8 – 1 所示。

表 8 – 1　　　　流动性风险信息披露指标构建体系

流动性风险信息披露指数	披露内容	得分	计算公式
定性指标	流动性风险管理描述	0 ~ 1	
	流动性风险管控概述	0 ~ 1	
	流动性风险指标披露	0 ~ 1	
	流动性风险治理结构	0 ~ 1	
定量指标	资产流动性指标（0 ~ 5）	现金状况比率（0 ~ 1）	现金状况比率 = 现金项目/总资产
		流动性证券比率（0 ~ 1）	流动性证券比率 = 银行持有一年以内的政府债券总额/总资产
		净同业拆借比率（0 ~ 1）	净同业拆借比率 =（资金同业拆出 – 资金同业借入）/总资产
		净贷款与租赁资产比率（0 ~ 1）	净贷款与租赁资产比率 =（净贷款 + 租赁资产）/总资产 净贷款与租赁资产比率是流动性的反向指标，该指标越高表明银行的流动性越差
		抵押证券比率（0 ~ 1）	抵押证券比率 = 抵押证券/证券总额

续表

流动性风险信息披露指数	披露内容	得分	计算公式
定量指标	负债流动性指标（0~4）	货币资产负债比率（0~1）	货币资产负债比率 = 货币市场资产/货币市场负债 其中，货币市场资产 = 现金 + 短期政府债券 + 存放央行超级准备金 + 央行短期票据 + 逆回购协议 货币市场负债 = 大额存单 + 央行超额准备金借入 + 回购协议
		短期资产比率（0~1）	短期资产比率 = 短期资产/利率敏感性负债
		核心存款比率（0~1）	核心存款比率 = 核心存款/总资产
		存款结构比率（0~1）	存款结构比率 = 活期存款/定期存款

（2）注重流动性风险信息披露过程中的成本效益原则。由于流动性风险所具有的特殊性，我国关于商业银行流动性风险信息披露及监管的机制尚在构建和完善中，在此阶段，监管机构、商业银行和市场自律监管付出的起始监管成本相对较大而收益不大。对于商业银行来说，流动性风险信息披露的成本主要包括银行披露信息开支和流动性风险信息披露后可能带来的不良市场反应导致的盈利减少等，鉴于流动性风险对商业银行乃至整个国民经济的重要性，充分有效的流动性风险信息披露和监管还是必要的，为此，监管机构在制定流动性风险监管的政策法规时应充分考虑流动性风险监管的成本效益。结合本书的研究，那些资产规模较大的银行，由于其市场化程度较高且融资途径较之中小型商业银行更为丰富，当其流动性目标遭受冲击时，有着更多的流动性资金来源，相对具有较强的抵抗流动性风险的能力，也就是说，监管机构可以根据银行资产规模的不同分别设定不同的监管标准，即对不同资产规模的银行实施差异化监管，尽量做到保证流动性安全的前提下，减少银行因流动性降低（为满足流动性风险监管标准）造成的收益减少。

（3）建立商业银行流动性风险信息披露的市场发现与约束机制。商业银行涉及银行与存款人、投资者、借款人及监管机构四方面的委托代理关系，较一般意义的公司委托代理关系更为复杂，导致商业银行委托代理间的信息不对称现象也更为严重，构建充分有效的流动性风险信息的市场发现机制将使投资者和存款人始终保持对流动性风险的警惕，这也是使得市场监督起作用的前提条件。尽管流动性风险信息披露会影响投资者、债权人和公众等外部利益相关者的信心，使其做出的决策影响银行收益，甚至使银行收益下降。从长期效应来看，流动性风险信息披露有利于银行高级管理层对流动性风险的及时监控，采取应对措施。

（4）基于《巴塞尔协议Ⅲ》流动性监管框架下的流动性监管新规的实施有利于防控流动性风险。与存贷比相比，流动性覆盖率和净稳定资金比率指标设置更为全面：一是能够更为全面、精细地反映商业银行资产负债结构差异对流动性的影响；二是引入压力情景假设，能够更为动态和前瞻地反映商业银行短期及中长期流动性风险情况；三是能够更为灵活地体现监管导向。

8.3 研究局限

由于数据的可获得性等客观因素，以及时间、精力和能力等主观因素的限制，本书的研究尚存在以下局限性。

（1）使用银行资产负债表流动性风险信息披露指数来衡量银行的流动性风险信息披露水平，是否能够全面反映银行的流动性风险，还值得进一步探索。面板数据中，有些年份银行数据缺失，样本数据的简单处理能否使理论付诸实践尚值得慎重考虑。

（2）由于流动性监管是一个相对短期的现象，使用银行季度观察值的替代数据集来估计其基准模型更加能够真实地反映银行资产负债表的流动性风险状况。而本书受限于数据的可获得性，使用的是年度数据未能使用季度数据进行实施《巴塞尔协议Ⅲ》净稳定资金比率对银行绩效影响的回归分析，是本书的一大局限性问题。由于银行表外业务在银行年报披露中定性描述较为含糊，难以量化，本书研究范围仅包括银行资产负债表内业务，因此，也是本书的研究局限。

（3）内生性问题。由于影响银行绩效的因素众多，本书仅仅从流动性风险信息披露水平对银行绩效的影响来进行分析，虽然引入了大量的控制变量，并且采用计量经济学的工具变量法以及变量替换等技术方法来尽可能避免内生性问题，但是，缺少针对商业银行实际背景引起的内生性问题的考虑，从而可能会影响到研究结论的稳健性。因此，如何进一步从我国商业银行的真实经营管理情况出发考虑内生性问题的影响，将是进一步研究和探索的方向。

参考文献

[1] 巴曙松，金玲玲，朱元倩. 巴塞尔协议Ⅲ下的资本监管对中国银行业的影响［J］. 农村金融研究，2011（6）.

[2] 巴曙松，牛播坤，华中炜，等. 上市银行信息披露：国内外文献综述［J］. 福建金融，2005，3（12）：39－44.

[3] 巴曙松，尚航飞，朱元倩. 巴塞尔协议Ⅲ流动性监管新规及其影响［J］. 南方金融，2013（5）：35－39.

[4] 巴曙松，王璟怡，王茜. 流动性风险监管：巴塞尔协议Ⅲ下的新挑战［J］. 中国金融，2011（1）：27－28.

[5] 巴曙松，王茜，王璟怡. 国际银行业流动性监管现状及评述［J］. 资本市场，2010（11）：60－64.

[6] 巴曙松，朱元倩，邢毓静. 金融危机中的巴塞尔资本协议：挑战与改进［M］. 北京：中国金融出版社，2010.

[7] 巴曙松，朱元倩. 巴塞尔资本协议Ⅲ［M］. 北京：中国金融出版社，2011.

[8] 巴曙松. 中国银行业实施巴塞尔Ⅲ：进展与趋势［J］. 湖北经济学院学报，2011，9（6）：5－12.

[9] 曹丹蕊. 我国商业银行流动性风险评价研究［D］. 广州：华南理工大学，2013.

[10] 曹廷求，张光利. 市场约束、政府干预与城市商业银行风险承担［J］. 金融论坛，2011（2）：3－14.

[11] 曹廷求，朱博文. 货币政策、银行治理与风险承担［J］. 金融论坛，2012（12）：4－12.

[12] 陈波，杨开泰. 巴塞尔协议Ⅲ对全球流动性风险管理的革命性影

响：变化与思路［J］. 上海金融，2011（10）：45－49.

［13］陈德胜. 商业银行全面风险管理［M］. 北京：清华大学出版社，2009.

［14］陈元富. 中央银行紧急流动性支持信息披露问题研究［J］. 南方金融，2009（3）：23－25.

［15］戴国强. 商业银行经营学［M］. 北京：高等教育出版社，2011.

［16］邸倩. 上市银行社会责任信息披露状况及影响因素分析［J］. 中国城市经济，2011（20）：52－53.

［17］樊纲，王小鲁. 中国市场化指数［M］. 北京：经济科学出版社，2001.

［18］葛夏晴. 商业银行风险信息披露研究［D］. 杭州：浙江财经学院，2012.

［19］关新红. 商业银行信息披露与市场约束［J］. 会计研究，2004（5）：82－85.

［20］郭菲. 中国商业银行信息披露的影响因素及效应研究——基于中国商业银行网站信息披露的实证分析［D］. 济南：山东大学，2012.

［21］胡奕明，李忠良. 非上市商业银行信息披露的调查与分析——基于巴塞尔协议Ⅲ的要求［J］. 上海金融，2015（4）：55－62.

［22］胡奕明. 银行信息披露的国际比较——对13个国家和地区银行年报的调查分析［J］. 金融研究，2002（3）：87－94.

［23］黄川，王自锋. 金融全球化背景下我国商业银行信息披露分析——以中国工商银行内地和香港年报披露状况为例［J］. 金融会计，2008，29（6）：72－75.

［24］黄晋蜀. 我国商业银行风险披露问题研究［D］. 成都：西南财经大学，2005.

［25］黄宪，熊启跃. 银行资本缓冲、信贷行为与宏观经济波动——来自中国银行业的经验证据［J］. 国际金融研究，2013（1）：52－65.

［26］惠子. 论巴塞尔资本协议Ⅲ下我国商业银行流动性风险管理［D］. 长春：吉林大学，2013.

[27] 季敦民, 金百锁, 缪柏其. ES自回归方法在商业银行流动性风险衡量中的应用 [J]. 中国科学技术大学学报, 2009, 39 (3): 271-277.

[28] 姜利军, 林阳阳. 金融机构核心存款的估算 [J]. 华南农业大学学报 (社会科学版), 2008, 7 (2): 65-69.

[29] 金煜. 中国商业银行流动性风险: 计量与管理框架 [D]. 上海: 复旦大学, 2007.

[30] 李成, 高智贤. 商业银行风险偏好、信贷规模与央行信息披露的非对称性 [J]. 山西财经大学学报, 2014, 36 (6): 39-48.

[31] 李晗. 流动性风险管理的国际经验 [J]. 银行家, 2013 (8): 87-90.

[32] 李明辉, 刘莉亚, 黄叶苨. 巴塞尔协议Ⅲ净稳定融资比率对商业银行的影响——来自中国银行业的证据 [J]. 国际金融研究, 2016, 347 (3): 51-62.

[33] 李维安, 曹廷求. 股权结构、治理机制与城市银行绩效——来自山东、河南两省的调查证据 [J]. 经济研究, 2004 (12): 4-15.

[34] 李骁. 我国商业银行理财业务风险防范研究 [D]. 太原: 山西财经大学, 2016.

[35] 李小姣. 中国股份制商业银行流动性研究——基于SPSS软件的因子分析 [J]. 经济研究导刊, 2013 (6): 54-55.

[36] 李妍妮. 商业银行流动性风险形成机理研究 [D]. 重庆: 重庆大学, 2011.

[37] 李永华. 中国商业银行全面风险管理问题研究 [D]. 武汉: 武汉大学, 2013.

[38] 廉永辉, 张琳. 流动性冲击、银行结构流动性和信贷供给 [J]. 国际金融研究, 2015, 339 (4): 64-76.

[39] 梁枫. 中国商业银行流动性风险监管研究——基于宏观审慎监管的视角 [D]. 太原: 山西财经大学, 2015.

[40] 廖岷, 杨元元. 全球商业银行流动性风险管理与监管的发展状况及其启示 [J]. 金融研究, 2008 (6): 69-79.

[41] 令媛媛．我国证券市场监督成效研究：政府管制与媒体效应［D］．成都：华南理工大学，2014.

[42] 刘明学．关于我国建立存款保险制度的思考：理论与实践［D］．成都：西南财经大学，2006.

[43] 刘青云，杨有振．资本监管下中国97家商业银行风险承担行为的实证检验——基于一个新的研究框架［J］．财经论丛（浙江财经大学学报），2016，V209（7）：57-67.

[44] 刘思俭．银行管制的变革——需求与供给的分析［D］．北京：对外经济贸易大学，2006.

[45] 刘晓婕．商业银行信息披露制度存在的问题［J］．财会月刊，2014（2）：28-32.

[46] 刘晓星，王金定．我国商业银行流动性风险研究——基于Copula和高阶ES测度的分析［J］．广东财经大学学报，2010，25（5）：26-33.

[47] 刘志洋，宋玉颖．商业银行流动性风险与系统性风险贡献度［J］．南开经济研究，2015（1）.

[48] 宁喆敏．巴塞尔协议Ⅲ下商业银行资产负债管理优化研究［D］．天津：南开大学，2012.

[49] 欧阳青东，彭洁．城市商业银行年报信息披露的统计分析［J］．经济与管理评论，2013（2）：82-86.

[50] 潘哲琪．我国商业银行流动性风险衡量与影响因素研究［D］．杭州：浙江大学，2013.

[51] 彭建刚．信贷配给论与商业银行资产负债管理理论的内在关系［J］．财经理论与实践，2000，21（1）：3-6.

[52] 钱先航，曹廷求，李维安．晋升压力、官员任期与城市商业银行的贷款行为［J］．经济研究，2011（12）：72-85.

[53] 钱先航，曹廷求．董事会中的官员与银行审慎行为——基于城市商业银行的实证研究［J］．当代经济科学，2014，36（6）：49-60.

[54] 乔晗，张靖，郭盛，等．银行外部环境、商业模式与绩效间关系研究——基于国内16家上市商业银行的数据［J］．管理评论，2017，29

(6): 252-263.

[55] 邱艾松. 商业银行信息披露的层次与边界 [D]. 成都: 西南财经大学, 2009.

[56] 曲洪建, 张相贤, 王宇明. 政府监管对单体银行稳健性的影响有多大——来自中国上市商业银行的经验证据 [J]. 武汉金融, 2014 (4): 15-19.

[57] 尚航飞. 中国商业银行流动性风险监管研究 [D]. 天津: 天津财经大学, 2016.

[58] 尚洪涛, 李慧雪. 我国国有商业银行流动性风险披露存在的问题与对策 [J]. 经济论坛, 2009 (1): 44-46.

[59] 沈沛龙, 王晓婷. 银行流动性风险评级与风险测度——基于随机流动比率模型的分析 [J]. 金融论坛, 2013 (8): 17-23.

[60] 沈沛龙, 闫照轩. 商业银行流动性缺口管理的改进方法及实证分析 [J]. 金融论坛, 2011 (3): 10-15.

[61] 史燕丽, 刘玉廷, 孙园园. 基于商业银行绩效视角的流动性风险信息披露研究 [J]. 管理评论, 2017, 29 (5): 3-13.

[62] 宋宪灵. 我国上市银行风险信息披露问题研究 [D]. 成都: 西南财经大学, 2008.

[63] 隋洋, 白雨石. 中资银行应对流动性监管最新要求的策略研究 [J]. 国际金融研究, 2015, 339 (1): 62-69.

[64] 孙莎, 李明辉, 刘莉亚. 商业银行流动性创造与资本充足率关系研究——来自中国银行业的经验证据 [J]. 财经研究, 2014, 40 (7): 65-76.

[65] 孙维. 对中国商业银行资本管理发展现状的思考 [J]. 港澳经济, 2014 (23): 33-34.

[66] 孙颖. 基于博弈视角的城市商业银行监管分析 [J]. 暨南学报 (哲学社会科学版), 2011, 33 (6): 41-45.

[67] 谭兴民, 宋增基, 杨天赋. 中国上市银行股权结构与经营绩效的实证分析 [J]. 金融研究, 2010 (11): 144-154.

[68] 王佳. 巴塞尔Ⅲ框架下存贷期限错配的流动性风险管理研究

[D]. 长沙：湖南大学，2014.

[69] 王丽娜，朱卫东. 我国上市银行流动性风险信息披露研究——基于浦发银行年报的分析 [C]. 中国会计学会高等工科院校分会2009年学术会议，2009.

[70] 王小平，吴朝生，陈清，等. 后危机时代保险业逆周期监管问题研究 [J]. 福建金融，2013 (3)：42-47.

[71] 王晓婷. 中国银行业系统流动性风险研究 [D]. 太原：山西财经大学，2017.

[72] 王宇明，曲洪建，张相贤. 银行体系流动性的影响因素及实证检验 [J]. 金融论坛，2014 (2)：40-47.

[73] 夏博辉. 论商业银行信息披露的经济学法学基础 [J]. 会计研究，2004 (8)：45-50.

[74] 肖崎，廖妍婷. 我国商业银行流动性风险的现状分析 [J]. 金融发展研究，2015 (1)：71-77.

[75] 肖崎. 影子银行体系与流动性创造的新形式 [J]. 金融理论与实践，2012 (5)：17-21.

[76] 邢钟文. 银行流动性与"钱荒"的管理——以我国上市商业银行为例 [J]. 当代会计，2015 (3)：19-22.

[77] 休亨瑞. 银行流动性风险与资产负债管理导论 [M]. 北京：中国金融出版社，2012.

[78] 徐明东，陈学彬. 货币环境、资本充足率与商业银行风险承担 [J]. 金融研究，2012 (7)：48-62.

[79] 杨丽. 上市商业银行绩效评价指标体系研究 [D]. 合肥：安徽大学，2014.

[80] 杨有振，王书华. 流动性风险约束与商业银行资本结构的动态调整机制——基于面板联立系统的经验与证据 [J]. 经济问题，2015 (9)：7-11.

[81] 姚长辉. 商业银行信贷与投资 [M]. 北京：经济日报出版社，1997.

[82] 尹继志．我国银行业流动性风险监管新规及相关问题研究——《商业银行流动性风险管理办法（试行）》解读 [J]．西南金融，2014（7）．

[83] 于东智．后金融危机时代商业银行资产负债管理的新趋向 [J]．农村金融研究，2013（6）：42－46．

[84] 余永华．商业银行流动性风险测量与分析 [D]．成都：西南财经大学，2012．

[85] 袁澍阳．商业银行信息披露制度研究 [D]．北京：首都经济贸易大学，2014．

[86] 张九如．我国中小商业银行流动性风险管理研究 [D]．成都：西南财经大学，2014．

[87] 张梅琳，詹瑶．我国商业银行流动性监管效应的评价探讨 [J]．统计科学与实践，2005（4）：16－19．

[88] 张敏，刘颛，张雯．关联贷款与商业银行的薪酬契约——基于我国商业银行的经验证据 [J]．金融研究，2012（5）：108－122．

[89] 兆文军，李元．商业银行自愿性信息披露水平的测度 [J]．大连理工大学学报（社会科学版），2012，33（3）：24－27．

[90] 赵冬燕．基于博弈视角的商业银行信息披露研究 [J]．时代金融旬刊，2014（32）：111－112．

[91] 郑录军，曹廷求．我国商业银行效率及其影响因素的实证分析 [J]．金融研究，2005（1）：91－101．

[92] 中国人民银行成都分行会计财务处课题组，李琪琦．我国商业银行信息披露研究综述 [J]．金融会计，2014（9）：12－19．

[93] 中国人民银行杭州中心支行课题组，赵学军．商业银行风险信息披露问题研究 [J]．金融会计，2007（9）：7－8．

[94] 钟伟，王元．略论新巴塞尔协议的操作风险管理框架 [J]．国际金融研究，2004（4）：44－51．

[95] 钟伟，谢婷．巴塞尔协议Ⅲ的新近进展及其影响初探 [J]．国际金融研究，2011（3）：46－55．

[96] 钟永红．中国上市银行流动性风险综合评价研究——基于因子

分析法的应用［J］. 改革与战略，2014，1（30）：60－63.

［97］周爱民，陈远. 中国商业银行资本结构与其流动性创造关系的实证研究［J］. 金融经济学研究，2013（3）：68－77.

［98］周琳. 我国商业银行流动性风险监管研究［D］. 广州：华南理工大学，2013.

［99］朱宏泉，张凌雪，汪娜. 国内商业银行绩效的外部影响因素分析［J］. 管理评论，2014，26（10）：3－12.

［100］朱孟楠，侯哲. 中国商业银行资金错配问题研究——基于“钱荒”背景下的思考［J］. 国际金融研究，2014（4）：62－69.

［101］祝继高，饶品贵，鲍明明. 股权结构、信贷行为与银行绩效——基于我国城市商业银行数据的实证研究［J］. 金融研究，2012（7）：31－47.

［102］Acharya V V，Amihud Y，Bharath S T. Liquidity Risk of Corporate Bond Returns：Conditional Approach［J］. Journal of Financial Economics，2013，110（2）：358－386.

［103］Acharya V V，Mora N. A Crisis of Banks as Liquidity Providers［J］. Journal of Finance，2015，70（1）：1－43.

［104］Acharya V，Naqvi H. The Seeds of a Crisis：A Theory of Bank Liquidity and Risk-Taking over the Business Cycle［C］. C. E. P. R. Discussion Papers，2012：349－366.

［105］Admati A R，Pfleiderer P. Forcing Firms to Talk：Financial Disclosure Regulation and Externalities［J］. Review of Financial Studies，2000，13（3）：479－519.

［106］Adrian T，Shin H S. Liquidity and Financial Cycles［J］. Ssrn Electronic Journal，2008，68（256）：1－18.

［107］Albertazzi U，Gambacorta L. Bank Profitability and the Business Cycle［J］. Journal of Financial Stability，2009，5（4）：393－409.

［108］Allen F，Qian J，Qian M. Law，Finance，and Economic Growth in China［J］. Journal of Financial Economics，2005，77（1）：57－116.

[109] Allen J, Liu Y. Efficiency and Economies of Scale of Large Canadian Banks [J]. Canadian Journal of Economics/Revue Canadienne Déconomique, 2007, 40 (1): 225-244.

[110] Angelini P, Clerc L, Cúrdia V, et al. Basel Ⅲ: Long-term Impact on Economic Performance and Fluctuations [J]. Manchester School, 2015, 83 (2): 217-251.

[111] Anthony S. Financial Institutions Management: A Risk Management Approach [M]. Irwin, 2010.

[112] Ashcraft A B. Does the Market Discipline Banks? New Evidence from Regulatory Capital Mix [J]. Journal of Financial Intermediation, 2008, 17 (4): 543-561.

[113] Athanasoglou P P, Brissimis S N, Delis M D. Bank-specific, Industry-specific and Macroeconomic Determinants of Bank Profitability [J]. Journal of International Financial Markets Institutions & Money, 2008, 18 (2): 121-136.

[114] Author C. The Role of Interbank Relationships and Liquidity Needs [J]. Journal of Banking & Finance, 2014 (53): 99-111.

[115] Ayyagari M, Demirgü? kunt A, Maksimovic V. Formal versus Informal Finance: Evidence from China [J]. Review of Financial Studies, 2010, 23 (8): 3048-3097.

[116] Baele L, Bruyckere V D, Jonghe O D, et al. Model Uncertainty and Systematic Risk in US Banking [J]. Journal of Banking & Finance, 2015, 53: 49-66.

[117] Balli F, Basher S A, Louis R J. Channels of Risk-sharing among Canadian Provinces: 1961-2006 [J]. Empirical Economics, 2012, 43 (2): 763-787.

[118] Basel Committee on Banking Supervision. Basel Ⅲ: International Framework for Liquidity Risk Measurement, Standards and Monitoring [M]. Bank for International Settlements. 2010.

[119] Baumann U, Nier E W. Disclosure, Volatility, and Transparency: An Empirical Investigation into the Value of Bank Disclosure [J]. Economic Policy Review, 2004, 10 (September): 31 -45.

[120] Berger A N, Bouwman C H S. Bank Liquidity Creation [J]. Review of Financial Studies, 2009, 22 (9): 3779 -3837.

[121] Berger A N, Deyoung R, Flannery M J, et al. How Do Large Banking Organizations Manage Their Capital Ratios?[J]. Social Science Electronic Publishing, 2008, 34 (2 -3): 123 -149.

[122] Berger A N, Deyoung R. Problem Loans and Cost Efficiency in Commercial Banks [J]. Journal of Banking & Finance, 1997, 21 (6): 849 -870.

[123] Berger A N, Hanweck G A, Humphrey D B. Competitive Viability in banking: Scale, Scope, and Product Mix Economies [J]. Journal of Monetary Economics, 1987, 20 (3): 501 -520.

[124] Berger A N, Bouwman C. Banking Liquidity Creation [J]. The Review of Financial Studies, 2009, 22 (9): 3779 -3837.

[125] Berger A N, Bouwman C. Financial Crises and Bank Liquidity Creation [R]. Wharton Financial Institutions Center. Working Paper, 2008: 8 -37.

[126] Bikker J A, Haaf K. Competition, Concentration and their Relationship: an Empirical Analysis of the Banking Industry [J]. Journal of Banking & Finance, 2002 (26): 2191 -2214.

[127] Blum J M. Why Basel II may Need a Leverage Ratio Restriction [J]. Journal of Banking & Finance, 2008, 32 (8): 1699 -1707.

[128] Blundell R, Bond S. Initial Conditions and Moment Restrictions in Dynamic Panel Data Models [J]. Journal of Econometrics, 1998, 87 (1): 115 -143.

[129] Bologna P. Is There a Role for Funding in Explaining Recent US Bank Failures?[J]. Imf Working Papers, 2011, 11 (180).

[130] Bonner C, Lelyveld I V, Zymek R. Banks' Liquidity Buffers and

the Role of Liquidity Regulation [J]. Journal of Financial Services Research, 2015, 48 (3): 215 - 234.

[131] Boyd J H, Graham S L. Consolidation in U.S. Banking: Implications for Efficiency and Risk [M] // Bank Mergers & Acquisitions. Springer US, 1998: 113 - 135.

[132] Brei M, Gambacorta L. The Leverage Ratio Over the Cycle [J]. Social Science Electronic Publishing, 2014.

[133] Bremer M, Pettway R H. Information and the Market's Perceptions of Japanese Bank Risk: Regulation, Environment, and Disclosure [J]. Pacific-Basin Finance Journal, 2002, 10 (2): 119 - 139.

[134] Brown M, Jappelli T, Pagano M. Information Sharing and Credit: Firm-level Evidence from Transition Countries [J]. Social Science Electronic Publishing, 2009, 18 (2): 151 - 172.

[135] Brunnermeier M K, Pedersen L H. Market Liquidity and Funding Liquidity [J]. Review of Financial Studies, 2009, 22 (6): 2201 - 2238.

[136] Brunnermeier M K. Deciphering the Liquidity and Credit Crunch 2007 - 2008 [J]. Journal of Economic Perspectives, 2009, 23 (1): 77 - 100.

[137] Bühler W, Vonhoff V. Term Structures of Liquidity Premia in the U.S. Treasury Market [J]. Arbeitspapier, 2010.

[138] Calomiris C W, Heider F, Hoerova M. A Theory of Bank Liquidity Requirements [J]. Social Science Electronic Publishing, 2014.

[139] Chan K, Menkveld A J, Yang Z. Information Asymmetry and Asset Prices: Evidence from the China Foreign Share Discount [J]. Social Science Electronic Publishing, 2008, 63 (1): 159 - 196.

[140] Chang P C, Jia C, Wang Z. Bank Fund Reallocation and Economic Growth: Evidence from China [J]. Journal of Banking & Finance, 2010, 34 (11): 2753 - 2766.

[141] Chen J Z, Lobo G J, Wang Y, et al. Loan Collateral and Financial Reporting Conservatism: Chinese Evidence [J]. Journal of Banking & Finance,

2013, 37 (12): 4989 -5006.

[142] Chordia T, Roll R, Subrahmanyam A. Order Imbalance, Liquidity, and Market Returns [J]. Journal of Financial Economics, 2002, 65 (1): 111 - 130.

[143] Chordia T, Sarkar A, Subrahmanyam A. An Empirical Analysis of Stock and Bond Market Liquidity [J]. Social Science Electronic Publishing, 2005, 18 (1): 85 -129.

[144] Colombo E, Onnis L, Tirelli P. Shadow Economies at Times of Banking Crises: Empirics and Theory [J]. Journal of Banking & Finance, 2016, 62: 180 -190.

[145] Comerton-Forde C, Putnins T. J. Dark Trading and Price Discovery [J]. Journal of Financial Economics, 2015 (118): 70 -92.

[146] Covas F, Driscoll J C. Bank Liquidity and Capital Regulation in General Equilibrium [J]. Finance & Economics Discussion, 2014.

[147] Delis M D, Kouretas G P. Interest Rates and Bank Risk-taking [J]. Journal of Banking & Finance, 2011, 35 (4): 840 -855.

[148] Demirgüç-Kunt A, Huizinga H. Bank Activity and Funding Strategies: The Impact on Risk and Returns [J]. Journal of Financial Economics, 2010, 98 (3): 626 -650.

[149] Dewally M, Shao Y. Liquidity Crisis, Relationship Lending and Corporate Finance [J]. Journal of Banking & Finance, 2014, 39 (39): 223 - 239.

[150] Deyoung R, Jang K Y. Do Banks Actively Manage their Liquidity? [J]. Journal of Banking & Finance, 2016, 66: 143 -161.

[151] Diamond D W, Dybvig P H. Bank Runs, Deposit Insurance, and Liquidity [J]. Journal of Political Economy, 1983, 91 (3): 401 -419.

[152] Diamond D W, Rajan R G. Liquidity Risk, Liquidity Creation and Financial Fragility: A Theory of Banking [J]. Crsp Working Papers, 1998, 109 (2): 287 -327.

[153] Dick-Nielsen J, Feldhütter P, Lando D. Corporate Bond Liquidity before and after the Onset of the Subprime Crisis [J]. Journal of Financial Economics, 2012, 103 (3): 471-492.

[154] Dietrich A, Hess K, Wanzenried G. The Good and Bad News about the New Liquidity Rules of Basel Ⅲ in Western European Countries [J]. Journal of Banking & Finance, 2014 (44): 13-25.

[155] Distinguin I, Roulet C, Tarazi A. Bank Regulatory Capital and Liquidity: Evidence from US and European Publicly Traded Banks [J]. Journal of Banking & Finance, 2013, 37 (9): 3295-3317.

[156] Dominik Rösch, Avanidhar Subrahmanyam, Dijk M A V. An Empirical Analysis of Co-Movements in High- and Low-Frequency Measures of Market Efficiency [J]. Social Science Electronic Publishing, 2013.

[157] Duffie D, Strulovici B. Capital Mobility and Asset Pricing [J]. Econometrica, 2012 (80): 2469-2509.

[158] Duffie D. Presidential Address: Asset Price Dynamics with Slow-Moving Capital [J]. Journal of Finance, 2010, 65 (4): 1237-1267.

[159] Duran M A, Lozano-Vivas A. Moral Hazard and the Financial Structure of Banks [J]. Journal of International Financial Markets Institutions & Money, 2015 (34): 28-40.

[160] Ejsing J, Sihvonen J. Liquidity Premia in German Government Bonds [J]. Working Paper, 2009.

[161] El-Mahdy D F, Park M S. Internal control quality and information asymmetry in the secondary loan market [J]. Review of Quantitative Finance & Accounting, 2014, 43 (4): 683-720.

[162] Eugene F Fama. What's Different about Banks?[J]. Journal of Monetary Economics, 1985, 15 (1): 29-39.

[163] Ferri G. Are New Tigers Supplanting Old Mammoths in China's Banking System? Evidence from a Sample of City Commercial Banks [J]. Journal of Banking & Finance, 2009, 33 (1): 131-140.

[164] Flannery M J, Rangan K P. Partial Adjustment toward Target Capital Structures [J]. Journal of Financial Economics, 2006, 79 (3): 469 - 506.

[165] Fleckenstein M, Longstaff F A, Lustig H. The TIPS-Treasury Bond Puzzle [J]. Journal of Finance, 2014, 69 (5): 2151 - 2197.

[166] Fonseca A R, González F. How Bank Capital Buffers Vary Across Countries: the Influence of Cost of Deposits, Market Power and Bank Regulation [J]. Journal of Banking & Finance, 2010, 34 (4): 892 - 902.

[167] Fontaine J, Garcia R. Bond Liquidity Premia [J]. Social Science Electronic Publishing, 2009, 25 (9 - 28): 1207 - 1254.

[168] Foote E. Information Asymmetries and Spillover Risk in Settlement Systems [J]. Journal of Banking & Finance, 2014, 42 (1): 179 - 190.

[169] Foucault T, Frésard L. Cross-Listing, Investment Sensitivity to Stock Price, and the Learning Hypothesis [J]. Social Science Electronic Publishing, 2011, 25 (11): 3305 - 3350.

[170] Francis A Longstaff. The Flight-to-Liquidity Premium in U. S. Treasury Bond Prices [J]. Journal of Business, 2004, 77 (3): 511 - 526.

[171] Fu Y, Lee S C, Xu L, et al. The Effectiveness of Capital Regulation on Bank Behavior in China [J]. International Review of Finance, 2015, 15 (3): 321 - 345.

[172] Fulghieri B P. Uncertain Liquidity and Interbank Contracting [J]. Economics Letters, 1994, 44 (3): 287 - 294.

[173] Ĝarleanu N, Pedersen L H. Margin-based Asset Pricing and Deviations from the Law of One Price [J]. Review of Financial Studies, 2011, 24 (6): 1980 - 2022 (43).

[174] Gambacorta L. Do Bank Capital and Liquidity Affect Real Economic Activity in the Long Run? A Vecm Analysis for the US [J]. Economic Notes, 2011, 40 (3): 75 - 91.

[175] Gang J, Qian Z. China's Monetary Policy and Systemic Risk [J].

Emerging Markets Finance & Trade, 2015, 51 (4): 701 – 713.

[176] Gatev E, Schuermann T, Strahan P E. Managing Bank Liquidity Risk: How Deposit-Loan Synergies Vary with Market Conditions [J]. Review of Financial Studies, 2009, 22 (3): 995 – 1020.

[177] Gatev E, Strahan P E. Banks' Advantage in Hedging Liquidity Risk: Theory and Evidence from the Commercial Paper Market [J]. Journal of Finance, 2006, 61 (2): 867 – 892.

[178] Ge Y, Qiu J. Financial Development, Bank Discrimination and Trade Credit [J]. Journal of Banking & Finance, 2007, 31 (2): 513 – 530.

[179] Gehrig T, Stenbacka R. Information Sharing and Lending Market Competition with Switching Costs and Poaching [J]. European Economic Review, 2007, 51 (1): 77 – 99.

[180] Giné X, Martinez Cuellar C, Mazer R K. Financial (Dis-) Information: Evidence from an Audit Study in Mexico [J]. Social Science Electronic Publishing, 2014: 1 – 26.

[181] Goyenko R, Subrahmanyam A, Ukhov A. The Term Structure of Bond Market Liquidity and Its Implications for Expected Bond Returns [J]. Journal of Financial & Quantitative Analysis, 2011, 46 (1): 111 – 139.

[182] Grace Xing H U, Pan J, Wang J. Noise as Information for Illiquidity [J]. Journal of Finance, 2013, 68 (6): 2341 – 2382.

[183] Griffin J M, Kelly P J, Nardari F. Do Market Efficiency Measures Yield Correct Inferences? A Comparison of Developed and Emerging Markets [J]. Review of Financial Studies, 2010, 23 (8): 3225 – 3277 (53).

[184] Guariglia A, Poncet S. Could Financial Distortions be no Impediment to Economic Growth after all? Evidence from China [J]. Journal of Comparative Economics, 2008, 36 (4): 633 – 657.

[185] Gueyie J P, Lai V S. Bank Moral Hazard and the Introduction of Official Deposit Insurance in Canada [J]. International Review of Economics & Finance, 2003, 12 (2): 247 – 273.

[186] Gunther J W, Moore R R. Loss Underreporting and the Auditing Role of Bank Exams [J]. Journal of Financial Intermediation, 2003, 12 (2): 153 – 177.

[187] Haan J D, Poghosyan T. Bank Size, Market Concentration, and Bank Earnings Volatility in the US [J]. Journal of International Financial Markets Institutions & Money, 2012, 22 (1): 35 – 54.

[188] Hameed A, Kang W, Viswanathan S. Stock Market Declines and Liquidity [J]. Journal of Finance, 2010, 65 (1): 257 – 293.

[189] Heckman J J. Sample Selection Bias as a Specification Error [J]. Applied Econometrics, 2013, 31 (1): 153 – 161.

[190] Heffernan S, Fu M. The Determinants of Bank Performance in China [J]. Social Science Electronic Publishing, 2008 (8): 1 – 28.

[191] Hendershott T, Jones C M, Menkveld A J. Does Algorithmic Trading Improve Liquidity?[J]. Social Science Electronic Publishing, 2011, 66 (1): 1 – 33.

[192] Holmstrom B, Tirole J. Financial Intermediation, Loanable Funds, and the Real Sector [J]. Quarterly Journal of Economics, 1997, 112 (3): 663 – 691.

[193] Hong H, Huang J Z, Wu D. The Information Content of Basel Ⅲ Liquidity Risk Measures [J]. Journal of Financial Stability, 2014, 15: 91 – 111.

[194] Huang G, Song F M. The Financial and Operating Performance of China's Newly Listed H-firms [J]. Pacific-Basin Finance Journal, 2005, 13 (1): 53 – 80.

[195] Hung M, Wong T J, Zhang T. Political Considerations in the Decision of Chinese SOEs to List in Hong Kong [J]. Journal of Accounting & Economics, 2012, 53 (1 – 2): 435 – 449.

[196] İnci Ötker-Robe, Pazarbasioglu C, Alberto Buffa, et al. Impact of Regulatory Reforms on Large and Complex Financial Institutions [J]. Imf Staff

Position Notes, 2013.

[197] Iren P. Information Disclosure and Banking Sector Performance and Stability [D]. Doctoral Dissertation of Cleveland State University. 2010.

[198] Jiangang Peng, Nicolaas Groenewold, Xiangmei Fan, et al. Financial System Reform and Economic Growth in a Transition Economy: The Case of China, 1978 – 2004 [J]. Emerging Markets Finance & Trade, 2014, 50 (sup2): 5 – 22.

[199] Kaiguo Zhou. The Effect of Income Diversification on Bank Risk: Evidence from China [J]. Emerging Markets Finance & Trade, 2014, 50 (sup3): 201 – 213.

[200] Keeley M C. Deposit Insurance, Risk, and Market Power in Banking [J]. American Economic Review, 1990, 80 (5): 1183 – 1200.

[201] Kempf A, Korn O, Uhrig-Homburg M. The Term Structure of Illiquidity Premia [J]. Journal of Banking & Finance, 2012, 36 (5): 1381 – 1391.

[202] Kim I, Kim I, Han Y. Deposit Insurance, Banks' Moral Hazard, and Regulation: Evidence from the ASEAN Countries and Korea [J]. Emerging Markets Finance & Trade, 2014, 50 (6): 56 – 71.

[203] King M R. The Basel Ⅲ Net Stable Funding Ratio and Bank Net Interest Margins [J]. Journal of Banking & Finance, 2013, 37 (11): 4144 – 4156.

[204] Klomp J, Haan J D. Banking Risk and Regulation: Does one Size Fit All? [J]. Journal of Banking & Finance, 2012, 36 (12): 3197 – 3212.

[205] Koren M, Szeidl A. Pricing Illiquid Assets [C]. 2002.

[206] Li X. The Impacts of Product Market Competition on the Quantity and Quality of Voluntary Disclosures [J]. Review of Accounting Studies, 2010, 15 (3): 663 – 711.

[207] Liang Q, Xu P, Jiraporn P. Board Characteristics and Chinese Bank Performance [J]. Journal of Banking & Finance, 2013, 37 (8): 2953 – 2968.

[208] Lin J Y, Sun X, Wu H X. Banking Structure and Industrial Growth: Evidence from China [J]. Journal of Banking & Finance, 2015, 58: 131 - 143.

[209] Lin X, Zhang Y. Bank Ownership Reform and Bank Performance in China [J]. Journal of Banking & Finance, 2009, 33 (1): 20 - 29.

[210] Linsley P M, Shrives P J. Transparency and the Disclosure of Risk Information in the Banking Sector [J]. Journal of Financial Regulation & Compliance, 2017, 13 (July): 205 - 214.

[211] Louzis D P, Vouldis A T, Metaxas V L. Macroeconomic and Bank-Specific Determinants of Non-Performing Loans in Greece: A Comparative Study of Mortgage, Business and Consumer Loan Portfolios [J]. Social Science Electronic Publishing, 2010, 36 (4): 1012 - 1027.

[212] Marcus A J. Deregulation and Bank Financial policy [J]. Journal of Banking & Finance, 1984, 8 (4): 557 - 565.

[213] Matousek R, Rughoo A, Sarantis N, et al. Bank Performance and Convergence during the Financial Crisis: Evidence from the 'old' European Union and Eurozone [J]. Journal of Banking & Finance, 2015, 52: 208 - 216.

[214] Mobarek A, Fiorante A. The Prospects of BRIC Countries: Testing Weak-form Market Efficiency [J]. Research in International Business & Finance, 2014, 30 (1): 217 - 232.

[215] Monfort A, Renne J P. Decomposing Euro-Area Sovereign Spreads: Credit and Liquidity Risks [J]. Review of Finance, 2014, 18 (6): 2103 - 2151.

[216] Monfort A, Renne J P. Default, Liquidity and Crises: An Econometric Framework [J]. Journal of Financial Econometrics, 2013, 11 (2): 221 - 262.

[217] Monfort A, Renne J P. Default, Liquidity, and Crises: an Econometric Framework [J]. Working Papers, 2010, 11 (2): 221 - 262.

[218] Nagel S. Evaporating Liquidity [J]. Review of Financial Studies,

2012, 25 (7): 2005 -2039.

[219] Naqvi H. Banking Crises and the Lender of Last Resort: How Crucial is the Role of Information?[J]. Journal of Banking & Finance, 2015, 54 (may): 20 -29.

[220] Nier E, Baumann U. Market Discipline, Disclosure and Moral Hazard in Banking [J]. Journal of Financial Intermediation, 2006, 15 (3): 332 - 361.

[221] Pan X, Tian G G. Does Banks' Dual Holding Affect Bank Lending and Firms' Investment Decisions? Evidence from China [J]. Journal of Banking & Finance, 2015 (55): 406 -424.

[222] Penas M F, Tümer-Alkan G. Bank Disclosure and Market Assessment of Financial Fragility: Evidence from Turkish Banks' Equity Prices [J]. Journal of Financial Services Research, 2010, 37 (2 -3): 159 -178.

[223] Poledna S, Thurner S, Farmer J D, et al. Leverage-induced Systemic Risk under Basle II and other Credit Risk Policies [J]. Journal of Banking & Finance, 2014, 42 (1): 199 -212.

[224] Prescott E S. Should Bank Supervisors Disclose Information about Their Banks?[J]. Economic Quarterly-Federal Reserve Bank of Richmond, 2008, 94: 1 -16.

[225] Rajan R. , Dhal S. Non-performong Loans and Terms of Credit of Public Sector Banks in India: An Empirical Assessment [J]. Reserve Bank of India Occasional Paper, 2003, 24: 81 -121.

[226] Ratnovski L. Liquidity and Transparency in Bank Risk Management [J]. Journal of Financial Intermediation, 2013, 22 (3): 422 -439.

[227] Rochet J C, Vives X. Coordination Failures and the Lender of Last Resort: Was Bagehot Right After All?[J]. Journal of European Economic Association, 2004, 2 (6): 1116 -1147.

[228] Ronn E I, Verma A K. Pricing Risk-Adjusted Deposit Insurance: An Option-Based Model [J]. Journal of Finance, 1986, 41 (4): 871 -895.

[229] Rose P S. Commercial Bank Management [M]. Irwin/McGraw-Hill, Boston, 1999 (3-4): 362.

[230] Ross Levine., Sara Zervos. Stocks Markets, Mank and Economic Growth [J]. The American Economic Review, 1998, 3 (88): 537-558.

[231] Schmukler S L. Do Depositors Punish Banks for Bad Behavior? Market Discipline, Deposit Insurance, and Banking Crises [J]. Journal of Finance, 2001, 56 (3): 1029-1051.

[232] Schuster P, Uhrig-Homburg M. Limits to Arbitrage and the Term Structure of Bond Illiquidity Premiums [J]. Journal of Banking & Finance, 2015, 57 (aug): 143-159.

[233] Schwarz K. Mind the Gap: Disentangling Credit and Liquidity in Risk Spreads [J]. Social Science Electronic Publishing, 2009.

[234] Shim J. Bank Capital Buffer and Portfolio Risk: The Influence of Business Cycle and Revenue Diversification [J]. Journal of Banking & Finance, 2013, 37 (3): 761-772.

[235] Soedarmono W, Tarazi A. Competition, Financial Intermediation, and Riskiness of Banks: Evidence from the Asia-Pacific Region [J]. Social Science Electronic Publishing, 2014, 52 (4): 961-974.

[236] Stiglitz J E, Weiss A. Credit Rationing in Markets with Imperfect Information [J]. American Economic Review, 1981, 71 (3): 393-410.

[237] Stolz S, Wedow M. Banks' Regulatory Capital Buffer and the Business Cycle: Evidence for Germany [J]. Discussion Paper, 2011, 7 (2): 98-110.

[238] Svensson L. Estimating and Interpreting Forward Interest Rates: Sweden 1992-1994 [J]. NBER Working, 1994.

[239] Tan Y, Floros C. Risk, Capital and Efficiency in Chinese Banking [J]. Journal of International Financial Markets Institutions & Money, 2013, 26 (26): 378-393.

[240] Tassel E V. Information Disclosure in Credit Markets when Banks'

Costs are Endogenous [J]. Journal of Banking & Finance, 2011, 35 (2): 490 -497.

[241] Tirole J, Farhi E. Collective Moral Hazard, Maturity Mismatch and Systemic Bailouts [J]. American Economic Review, 2012, 102 (1): 60 -93.

[242] Tirole J. Illiquidity and All Its Friends [J]. Social Science Electronic Publishing, 2011, 49 (2): 287 -325.

[243] Tourani-Rad A, Gilbert A, Chen J. Are Foreign IPOs Really Foreign? Price Efficiency and Information Asymmetry of Chinese Foreign IPOs [J]. Journal of Banking & Finance, 2016, 63 (feb.): 95 -106.

[244] Tsai F T, Lu H M, Hung M W. The Impact of News Articles and Corporate Disclosure on Credit Risk Valuation [J]. Journal of Banking & Finance, 2016, 68: 100 -116.

[245] Tsai Y J, Chen Y P, Lin C L, et al. The Effect of Banking System Reform on Investment-cash Flow Sensitivity: Evidence from China [J]. Journal of Banking & Finance, 2014, 46 (1): 166 -176.

[246] Vanhoose D. Theories of Bank Behavior under Capital Regulation [J]. Journal of Banking & Finance, 2007, 31 (12): 3680 -3697.

[247] Vauhkonen J. The Impact of Pillar 3 Disclosure Requirements on Bank Safety [J]. Journal of Financial Services Research, 2012, 41 (1 -2): 37 -49.

[248] Vincent Aebi, Gabriele Sabato, Markus Schmid. Risk Management, Corporate Governance and Bank Performance in the Financial Crisis [J]. Journal of Banking & Finance, 2012, 36: 3213 -3226.

[249] Wang W K, Lu W M, Wang Y H. The Relationship between Bank Performance and Intellectual Capital in East Asia [J]. Quality & Quantity, 2013, 47 (2): 1041 -1062.

[250] Warga A. Bond Returns, Liquidity, and Missing Data [J]. Journal of Financial & Quantitative Analysis, 1992, 27 (4): 605 -617.

[251] Weimin Liu., Di Luo., Huainan Zhao. Transaction Costs, Liquidity

Risk and the CCAPM [J]. Journal of Banking & Finance, 2016 (63): 126 - 145.

[252] Williams B. Bank Risk and National Governance in Asia [J]. Journal of Banking & Finance, 2012 (49): 10 -26.

[253] Wong T C, Hui C H. A Liquidity Risk Stress-Testing Framework with Interaction between Market and Credit Risks [J]. Social Science Electronic Publishing, 2009, 3 (6): 1 -33.

[254] Wu Y, Bowe M. Information Disclosure, Market Discipline and the Management of Bank Capital: Evidence from the Chinese Financial Sector [J]. Journal of Financial Services Research, 2010, 38 (2 -3): 159 -186.

[255] Yan M, Hall M J B, Turner P. A Cost-benefit Analysis of Basel Ⅲ: Some Evidence from the UK [J]. Discussion Paper, 2012, 25 (6): 73 -82.

[256] Yosha O, Yosha O. Information Disclosure Costs and the Choice of Financing Source [J]. Journal of Financial Intermediation, 1995, 4 (1): 3 -20.

[257] Zhang D, Cai J, Dickinson D G, et al. Non-performing Loans, Moral Hazard and Regulation of the Chinese Commercial Banking System [J]. Journal of Banking & Finance, 2016, 63 (5): 48 -60.

[258] Zhang J, Wang L, Wang S. Financial Development and Economic Growth: Recent Evidence from China [J]. Journal of Comparative Economics, 2012, 40 (3): 393 -412.

图书在版编目（CIP）数据

我国商业银行流动性风险信息披露研究 / 史燕丽著.
—北京：经济科学出版社，2021.5
ISBN 978-7-5218-2575-6

Ⅰ.①我…　Ⅱ.①史…　Ⅲ.①商业银行-风险管理-研究-中国　Ⅳ.①F832.332

中国版本图书馆 CIP 数据核字（2021）第 098416 号

责任编辑：齐伟娜　赵　芳
责任校对：杨　海
责任印制：范　艳　张佳裕

我国商业银行流动性风险信息披露研究
史燕丽　著
经济科学出版社出版、发行　新华书店经销
社址：北京市海淀区阜成路甲 28 号　邮编：100142
总编部电话：010-88191217　发行部电话：010-88191540
网址：www.esp.com.cn
电子邮箱：esp@esp.com.cn
天猫网店：经济科学出版社旗舰店
网址：http://jjkxcbs.tmall.com
北京季蜂印刷有限公司印装
710×1000　16 开　11.75 印张　180000 字
2021 年 5 月第 1 版　2021 年 5 月第 1 次印刷
ISBN 978-7-5218-2575-6　定价：52.00 元
（图书出现印装问题，本社负责调换。电话：010-88191510）